新 潮 文 庫

中国全省を読む地図

—22省・4直轄市・5自治区・香港・マカオ・台湾—

莫　邦　富著

新 潮 社 版

6786

中国全省を読む地図

——22省・4直轄市・5自治区・香港・マカオ・台湾——

黒竜江省
P70
吉林省
P61
北京市
P13
内蒙古自治区
P47
遼寧省
P53
天津市
P23
河北省
P30
夏回族
治区
244
山西省
P38
山東省
P127
陝西省
P222
河南省
P136
江蘇省
P88
安徽省
P103
上海市
P79
湖北省
P145
重慶市
P182
浙江省
P96
湖南省
P152
江西省
P119
貴州省
P198
福建省
P111
台湾
P276
広東省
P159
西チワン族自治区
P166
海南省
P174

新疆ウイグル自治区
P251
甘粛省
P230
青海省
P238
チベット自治区
P213
四川
雲南省
P205
香港
P260
マカオ
P268

●中国全省を読む地図●索引

まえがき

中国はいま、もっとも注目される国となっている。成長するアジアをバックに、経済発展のブームに沸きながら、近代国家を目指してひたすら走る中国、13億人にのぼる巨大な市場が渦巻く魅惑的な中国、いろいろな問題をかかえながら21世紀の超大国になると噂《うわさ》される中国……人によって中国をみる目も異なり、そして角度によって目に映った中国という国のイメージも違ってくるであろう。

しかし、中国をみる目的、角度がどんなに異なっても、中国をみるとき、考えるときには、その中国を構成する基本行政単位である30以上の省・市・自治区・特別行政区をまずしっかりと把握する必要がある。本書は限られたスペースのなかで、できるだけ各省・市・自治区・特別行政区に関する盛りだくさんの基本情報を提供することを旨《むね》とした。中国へ旅行・出張するときはこの一冊さえ手にもっていればまずは安心、という本をつくるのが私の目的である。

日本の近隣国である中国は、陸地面積約960万平方キロ、アジア最大の国としてその存在を誇る。香港《ホンコン》、マカオ、台湾をのぞく中国本土の総人口13億人、56の少数民族があり、世界で人口がもっとも多い国でもある。

統一問題が残る台湾と中国に返還され特別行政区となった香港、マカオをのぞいて、中国本土には、31の省・市・自治区がある。通常、これは省レベルの行政単位と呼ぶ。ここに言う市は、北京《ペキン》、上海《シャンハイ》、天津《てんしん》、重慶の四つの中央直轄《ちょっかつ》市のことを指す。これらの省・市・自治区の下に、さらに地区、地区レベルの市、県、県レベルの市、そして、市が行政管轄する区がある。直轄市の区は行政上、県と同等のレベルにある。

広い中国を管轄しやすいように、1958年に、中華人民共和国建国初期にあった大行政区を念頭に、全国をさらに華北、東北、華東、華中、華南、西南、西北という七つの経済協力区（大区とも呼ばれる）に分け、61年にそれを華北、東北、華東、華中、西南、西北に調整した。華南だけは撤廃された。大区にはそれぞれの区内の経済建設を指導し、区内外の経済的協力関係を調整する大区中央局、大区経済委員会、計画委員会などがもうけられていた。60年代後半、大区の指導機構の廃止により、大区もいつのまにか消えてしまった。しかし、地理的にも近い関係にある各省・市・自治区は、意識せずにやはり同じ大区に属したメンバーと、比較的密接な関係を結んでいる。いまでも大区を地域の区分けとして使用する習慣が根強く残っている。

1978年以降、大区を復活させようとする声がまた出てはいるが、正式な復活までにいたらなかった。代わって、９２年に「七大経済圏」の構想が発表された。
以下はその七大経済圏のそれぞれの該当地域である。

東北経済圏…遼寧《りようねい》省、吉林《きつりん》省、黒竜江《こくりゆうこう》省、内蒙古《ないもうこ》自治区
華北経済圏…北京市、天津市、河北《かほく》省、山東《さんとう》省、内蒙古自治区
西北経済圏…陝西《せんせい》省、甘粛《かんしゆく》省、青海《せいかい》省、寧夏《ねいか》回族自治区、新疆《しんきよう》ウイグル自治区、チベット自治区
長江沿岸経済圏…上海市、江蘇《こうそ》省、浙江《せつこう》省、安徽《あんき》省、江西《こうせい》省、湖北《こほく》省、湖南《こなん》省、四川《しせん》省（97年に直轄市に昇格した重慶市も含む）
中部経済圏…山西《さんせい》省、安徽省、江西省、河南《かなん》省、湖北省、湖南省
華南経済圏…広東《カントン》省、福建《ふつけん》省
西南経済圏…広東省、広西《こうせい》チワン族自治区、海南《かいなん》省、四川省、貴州《きしゆう》省、雲南《うんなん》省

重複した省・市・自治区もかなりあるが、地理的要素とこれまでの経済的つながりを考慮した区分と考えてよいであろう。かつての華南大区を思わせる華南経済圏の出現、華東大区の拡大版である長江沿岸経済圏の誕生は、中国の経済地図の新しい変化をみせるが、この構想にどれほどの現実味があるかはまだ不明である。しかし、より広い地域

で経済活動を考える傾向が中国で強まっていることは事実である。

本書の中で出てくる各省・市・自治区についての紹介などをお読みになるときは、上記の地区、経済圏の区分範囲を念頭に置いていただくと、隣接省・市・自治区同士の関係などが理解しやすくなると思われる。

なお、香港、マカオは、これまで省・市・自治区レベルの行政単位ではないが、中国返還後は特別行政区となったので、省・市・自治区レベルの行政単位として見ていいだろう。

中華民国という国号を継続する台湾と1949年以降中華人民共和国にかわった中国本土との統一問題は、最近の台湾の独立傾向が強まっているなかで、世界中に注目されている。しかし、残念ながらいまだにまだよい解決の方法が見出《みいだ》されていない。この問題の解決には、両岸という言葉で表現される中国本土と台湾の政治家や民衆の知恵が問われる。本書では、中国は一つという国連も認めた原則に沿って、台湾を中国の一つの省として紹介することにした。

なお、地名の表記は、三省堂『コンサイス外国地名事典　改訂版』、中国語読みは昭文社『世界地図帳』により、また各省・市・自治区の領域範囲は中国が発行した『中華人民共和国行政区画簡冊2001』（中華人民共和国民政部編、中国地図出版社刊）によるものである。

本書執筆の際、なるべく最新の資料やデータを利用しようと努めてきたが、書籍という形式で、日進月歩と形容されるほど激しく変化する中国のいまをリアルタイムに描くには、現在の出版手段と周期では到底無理である。その意味で本書をある時間的間隔をおいて、データなどを更新して再版する考えをもっている。読者の皆様方もお気付きになった問題やデータがあれば、遠慮なくご指摘いただきたい。再版の際は、皆様方のご意向を最大限に反映して訂正・修正するつもりである。

二〇〇一年十一月五日　東京にて

莫　邦　富

【凡例】

1. 地名の表記は、原則として『コンサイス外国地名事典 改訂版』(三省堂編修所・編)の表記法に準拠した。

2. 地名の日本語読みはひらがなで表記した。中国語読みや韓国語読みが一般的なものについては、原則としてカタカナで表記した。

例…塘沽(とうこ)、廈門(アモイ)、胡同(フートン)

3. 省名は、原則として漢字で表記した。

例外…新疆ウイグル自治区、広西チワン族自治区

4. データは、特に文中に記載されていないものは2001年8月の時点で入手できる最新のものである。

5. 通貨単位の「元」は、レートの変動が著しいため、あえて円換算にしなかった。

北京市《ペキン》

——ネット経済の先陣を切る

２００８年の五輪開催地となったが、外国人のあいだでは長いこと、北京は偉大な田舎だと皮肉られてきた。中国人のなかでも北京をダサイと酷評する人はかなり多い。１９９０年代後半から北京も大きく変《へん》貌《ぼう》をとげたが、それでもいまだに北京はセンスが悪いという批判が聞かれる。市内に林立する高層ビルの何とも言えない奇妙なデザインを目《ま》の当たりにすると、これらの批判も何となくわかるような気がする。

しかし、こうした北京にもここ数年中国の最先端を走っている分野がある。ＩＴ産業とネット経済だ。その象徴として注目を浴びているのが海淀《かいてい》区中関村《ちゅうかんそん》である。１９４９年の中華人民共和国建国後、海淀区は文化区と位置づけられて北京大学が移転してきた。現在、中関村周辺には30万人以上の大学生が在籍する68の大学と、中国科学院をはじめとする２１３の研究機関が集中しており、中国でハイテク技術人材がもっとも密集している地域である。

1980年、中国科学院物理研究所が最初のハイテク企業をつくり、中国のシリコンバレーの幕開けを宣言した。以来、中関村のメインストリート白頤路《はくいろ》（現在は中関村路と改名）にはこうした大学や研究所のハイレベルな専門技術者を中心につくられた企業が続々とあらわれ、政府の資金援助なしに中国のコンピュータ産業の一角を築いた。「四通」「北大方正」などがこうした企業の典型である。

電子街の隆盛を見て、1988年に国務院は中関村に中国初の国家級のハイテク技術産業開発試験区を設立することに踏み切り、18項目もの優遇政策を打ち出して、同地域を中国のシリコンバレーにしようという意欲をみせた。以来、毎年数百社以上のスピードで多くのハイテク企業が中関村に進出し、98年には中関村のハイテク関係の企業は4000社にのぼり、99年同地区の売上額は約451億元に達した。

同年、超満員状態となった中関村を改造する大規模再開発プロジェクトが始まり、10年間で中関村を世界に誇れるハイテク産業団地とすることを目標としている。新しい中関村は中心区、発展区、輻射区《ふくしゃく》に分けられている。

中心区は75平方キロの面積を有し、中国科学院、北京大学、清華大学、人民大学、国家図書館、首都体育館などの大学や研究機関、文教施設がある。

発展区は昌平県など郊外の一部も入れ、面積は約280平方キロである。第二の中関

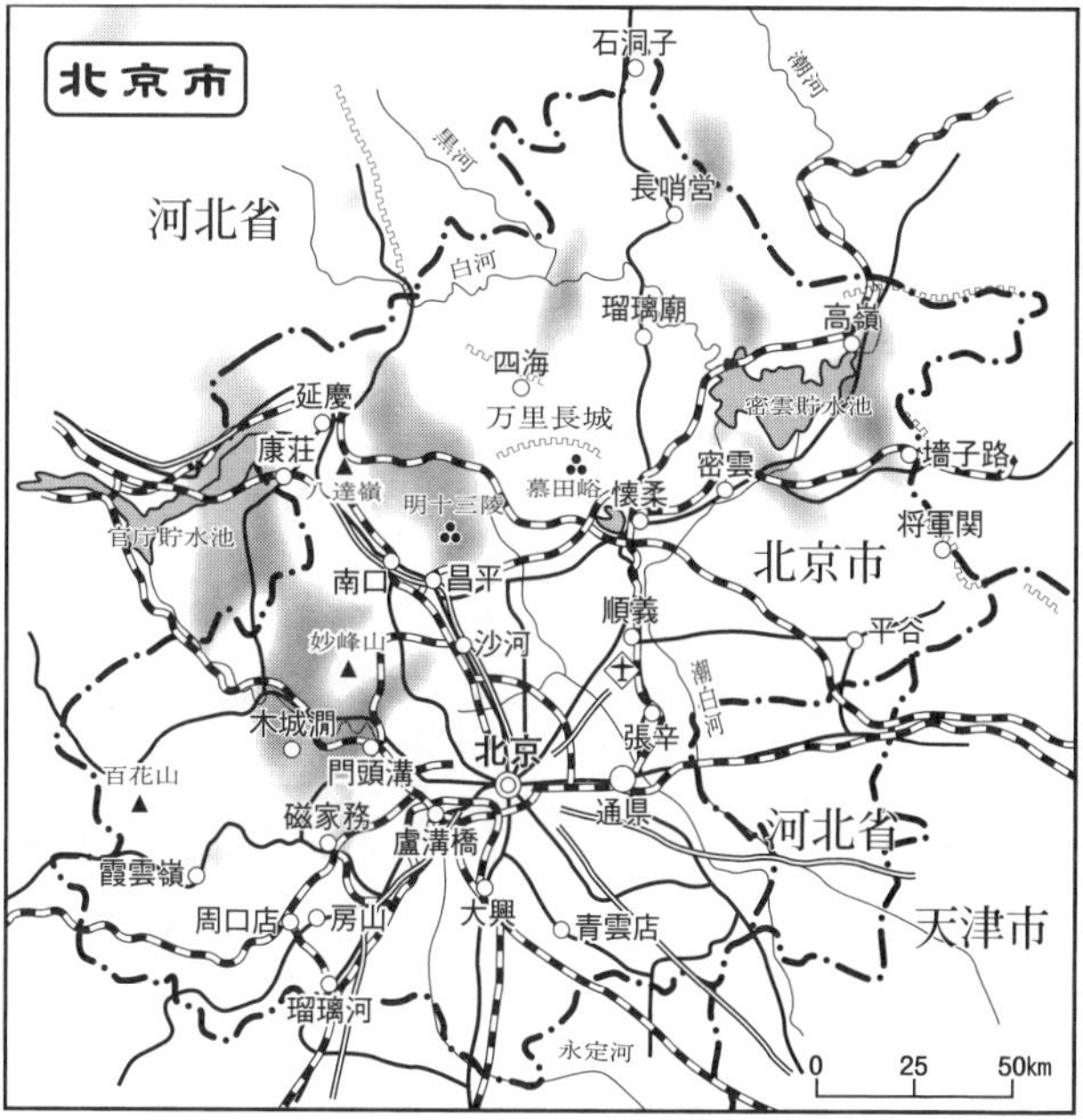

村と呼ばれる「上地情報産業基地」と北京大学バイオ基地「生物城」を中核に、IT産業とバイオ産業の研究・開発・生産基地として機能しはじめた。宇宙開発の基地である「航天城」や新素材の開発などを行う「永豊科学技術パーク」もこの区域にある。

　輻射区はその名の通り、中関村を経由する高速道路や環状線を利用した輻射効果を狙《ねら》う目的で企画された開発区域だ。

　91年に施工を開始した上地情報産業基地は、面積

1・8平方キロとそれほど広くはないが、優れた環境とハイテク産業の投資を奨励する優遇政策で聯想《れんそう》、北大方正、四通などの中国優良IT企業やIBM、三菱などの多国籍企業がすでに進出しており、町全体の景観もどことなくシリコンバレーを思わせる雰囲気だ。

中関村再開発にかける中国政府の熱意は、視点を変えれば、これまでの首都北京の産業政策の失敗とそれに対する反省を浮き彫りにした。

長い間、中国政府は北京の位置づけと性格をうまく把握することができず、60年代から大型化学工場、機械製造メーカー、自動車製造メーカーの新設、製鉄所の規模拡大など、産業拡大路線がすすめられてきた。工業総生産額は上海《シャンハイ》につぐ中国第二の工業都市という地位を確立したが、大工業都市建設という発想はもともと不足していた水資源をさらに深刻な状態に陥らせたうえ、エネルギーの供給困難、産業汚染の拡大化など多くの難問をのこしてしまった。

近年になって、これまでの工業重視に片寄る都市発展方針が見直され、技術集約型、高付加価値、省エネルギーなどの原則にそって、新規建設の産業を選定する方針へと方向転換し、ハイテク産業、情報通信産業の発展をより重視する姿勢をあきらかにした。中関村や上地情報産業基地の誕生はまさにその結果であると言えよう。

それとは好対照に、改革・開放の寵児《ちょうじ》・首都鋼鉄総公司の凋落《ちょうらく》は時代の変遷《へんせん》を物語っている。

北京の石景山区《せきけいざん》にある首都鋼鉄総公司は「首鋼」という略称で親しまれ、経済改革・開放のなかでもっとも注目され、もっとも実力のある中国の最大国有企業の一つだった。1993年に放映されたNHKのスペシャル番組「アメリカを買った中国」では、首鋼が休業したアメリカのある製鉄所を丸ごと買いとってそれを解体し、中国に運んで組み立て直して稼働《かどう》させるまでを紹介した。92年、鄧小平《とうしょうへい》に激賛された首鋼は香港《ホンコン》に進出し、香港企業をあいついで買収し、東南アジアをはじめ南米にまで地盤拡大の戦線を敷いた。銀行、ノンバンク、不動産、ホテル経営、貿易などの分野にも手をのばした。しかし、95年初春、飛ぶ鳥を落とす勢いの首鋼を長年取り仕切っていた周冠五会長の息子で首鋼香港現地法人のトップをつとめていた人物が「重大経済犯罪」容疑で逮捕され、会長も翌日に更迭《こうてつ》されてしまった。ミニバブル経済を思わせる首鋼のこれまでの発展路線が大きく軌道修正されたばかりでなく、アジア金融危機とIT産業、インターネットなど一連の荒波のなかで完全に取り残されてしまったのである。急成長を謳歌《おうか》する中関村や上地情報産業基地と下り坂を転がり続ける首鋼は、そのままニューエコノミーとオールドエコノミーが織りなす明暗を象徴している。

だが、急速に変貌する北京には別の一面もある。

北京市内に無数に交差する胡同《フートン》とその胡同を形成する四合院《スーホーイエン》に、薫り高い文明や歴史を感じている人は多い。90年代の初期までは、横町を意味する胡同がまだ約4550本ほどのこっていた。一番広い胡同は幅4メートル以上あるが、もっとも狭いところは幅62センチと一人がかろうじて通れるぐらいしかない。ちなみに、曲り角が一番多い胡同に入ってしまうと、9回曲がらなければ出られない。

胡同は歴史の証人でもある。その名前からは歴史の光と影がみえてくる。禄米倉《ろくまいそう》胡同は明《みん》、清《しん》代の朝廷専用の食糧倉庫だったため、その名となった。明時代の文官管理機関があったのが東廠《とうしょう》胡同であるが、ちなみに「東廠」とは現代語で表現すれば「内務省」にあたる省庁である。毛家湾《もうかわん》胡同は明時代の高官・毛文簡公の家があった場所で、文革時代のなかばまで国防部長を務めていた林彪《りんぴょう》が亡命事件を起こす直前まで居住していた。羊市《ようし》胡同の名は過去の羊市場に由来している。椿樹《ちんじゅ》胡同のように木の名前をもつ胡同も多い。

胡同にある伝統的平屋住宅は、北京では四合院とよばれる。四合院のつくりには厳しい階級制があり、親王、公侯、官吏、庶民といった身分によって、その住宅である四合院のつくりがおのずと決定する。親王など皇族が住む四合院は王府《ワンフー》とも呼ばれる。王府に住む人間も、それぞれの位によって、その使える部屋数や活動できる場所が決められていた。

しかし、かつては一家族で住んでいた四合院だが、その後住宅難のために数世帯の人

四合院

間が共同で居住するようになった。近年、開発の波が容赦なく四合院や胡同をも飲み込み、デザイン的にほとんど評価できない高層ビルがその跡地に建ち並び、悠久の歴史を感じさせていた北京の景観を台無しにしてしまった。最近ではこうした動きに危機感を募らせる人々から、北京の建築文化の華である四合院と胡同の保存を求める声が高まってきている。

工業都市としての発展路線を捨てた北京は、９０年代後半からＩＴ産業に傾斜すると同時に、観光業の発展に力をいれるようになった。北京には、四合院と胡同が代表する民家建築の外にも、たくさんの観光資源がある。

紫禁城《しきんじょう》だった故宮《こきゅう》博物院、北京のシンボルとなった天安門、万里の長城、西太后《せいたいこう》が海軍の軍費から膨大な費用をさいて再建した夏の離宮・頤和園《いわえん》、１８６０年に北京に攻めこんだ英仏連合軍に焼き払われ往時の隆盛だけが偲《しの》ばれるヨーロッパ風庭園の遺跡・圓明園《えんめいえん》、共産党中央機関の所在地中南海に隣接するかつての御苑《ぎょえん》・北海公園、皇帝が豊作を祈った場所・天壇《てんだん》、イスラム教を信仰する回族が集中する町・牛街《ぎゅうがい》にある牛街礼拝寺、日本軍による中国侵略戦争の発端となった盧溝橋《ろこうきょう》、ダライ・ラマ7世が献上した弥勒《みろく》像があるラマ教寺院・雍和宮《ようわきゅう》、北京原人の発見の地・周口店《しゅうこうてん》、１６００年の歴史を数える北京最古の寺・潭柘寺、古刹《こさつ》と紅葉の名所・香山《こうざん》などの名所古跡がある。北京を代表する専門店やデパートが軒をつらねる繁華街王府井《ワンフーチン》、多くの人で常に賑《にぎ》わう西単、明代からの老舗《しにせ》がならぶ大柵欄などの商店街も、観光客には人気が高い。

世界遺産　頤和園

　特に、かつては紫禁城だった故宮博物院は見逃せない。これは明の永楽帝が15年の歳月を費やして１４２０年に完成したもので、

世界遺産　周口店の北京原人遺跡

世界遺産　天壇

明、清王朝時代の王宮としての栄華を偲ばせる。現在、中国に残る最大規模の歴史的建築群でもある。

清の最後の皇帝である溥儀《ふぎ》まで24人の皇帝が生涯を送った紫禁城は、1925年から明、清両王朝の宮廷歴史と古代文物を展示し、後世に古代王朝の栄枯盛衰を物語る博物館となった。映画「ラスト・エンペラー」の舞台ともなっている。

主要宮殿建築物には、皇帝が儀式をおこなう太和殿、皇帝専用の控えの間である中和殿、皇帝の居住区で執務室もあった乾清宮、西太后が院政をおこなった養心殿、西太后が食事した体和殿、珍妃が西太后に強制されて飛び込み自殺した井戸・珍妃井、中国三大九竜壁の一つで色彩の美しい九竜壁などがある。

故宮と並ぶ観光名所が、月からも見えるという万里の長城だ。

紀元前5世紀、周の時代に北方の異民族の侵《しん》入を防ぐために築いた城壁が長城のはじまりである。その後、秦の始皇帝をはじめとする多くの皇帝が膨大な人力と費用を投入して、東は渤海《ぼっかい》湾に面した山海関《さんかいかん》から、西は甘粛《かんしゅく》省の嘉峪関《かよくかん》まで、全長約6000キロにおよぶ、月から見える地球上唯一《ゆいいつ》の建築物を完成させた。中

世界遺産 故宮

世界遺産 万里の長城

国の単位では1万2000華里にあたるので、万里の長城と呼ばれるようになった。

現在の長城は明代に大改修されたもので、ところどころ崩壊しているがほぼ原型が保たれている。ビューポイントである八達嶺《はったつれい》と慕田峪《ぼでんよく》は近年改修され、明の当時の雄姿が再現された。長城の城壁の上にある連絡通路は甬道《ようどう》と呼ばれ、約110メートル間隔にもうけられている楼閣は狼煙台《のろしだい》である。長城は中国のシンボルマークとなっている。

天津《てんしん》市

——甘栗《あまぐり》の町から携帯電話の都市へ

　天津市は津と略称され、北は燕山《えんざん》山脈、東は渤海《ぼっかい》にのぞみ、華北平原北部を流れる海河《かいが》の下流域にある。悠久の歴史をもつ同市は、８００年の遼《りょう》・宋《そう》時代から栄えはじめ、明《みん》王朝の１４００年に天津と名を改め、今日に至っている。明・清《しん》時代に、水運が盛んになり、商業の中心となる。阿片《アヘン》戦争後の１８５８年、この地で天津条約がむすばれた。さらに１８６０年の北京《ペキン》条約によって国際貿易港として開港し、市内にイギリス、日本など9カ国の租界がもうけられた。以来外国資本が経営する紡績などの工場ができ、多くの外国商社も進出した。近代には中国第二の工業都市として長い間無視することのできない存在感を誇っていた。

　１９５８～６７年に河北《かほく》省の省都となった以外は、同市は北京、上海《シャンハイ》とならんで三つの直轄《ちょっかつ》市の一つでありつづけた。工作機械、自動車、エレクトロニクス、化学、鉄鋼、紡績などの工業が盛んで、重要な総合的産業基地である。伝統工業では絨毯《じゅうたん》が有名。国内の大都市の中では石油、天然ガス、塩、地熱などの資源に恵まれているのが特徴である。南部に大港《だいこう》油田、中国初の海上油田である渤海油田がある。

国内の南北交通の分岐点にあたる要所で、北京〜瀋陽《しんよう》間を走る京瀋線、北京〜上海を結ぶ京滬《きょうこ》線が同市で合流する。１００キロ北西に位置する北京とは高速道路でむすばれている。市内には北京についで地下鉄が建設された。海岸線にも恵まれ、天津港が有数の貿易港として栄え、北京、天津、華北、西北各省・自治区にとって重要な海の玄関口である。神戸港、東京港、アメリカのフィラデルフィア港、オーストラリアのメルボルン港と姉妹関係を結んでいる。天津新港は中国最大の人工港湾で、20以上の国際航路を運営している。

こうした地理的な利便性も、華北地区の経済・貿易のセンターとしての地位を築いた。古くから商業が発達し、物資の流通の中心として商業関係の施設がそろい、商業関係の従事者人口も多い。文化・教育、科学研究の分野でも中心的な役割を果たしている。

だが、それにもかかわらず、かつて北方の最重要商業都市だった天津は、改革・開放の花形的存在である広東《カントン》省や上海市とくらべると、現在は精彩を欠いている。８０年代後半からは後れをとるまいとして華北地区の4省・市と環渤海地域の14の市（地区）とのあいだに区域提携関係を結び、環渤海地域経済連合市長共同会議をスタートさせ、地域の経済発展により力をいれ、情報、技術、金融などの分野で13の提携ネットワークが

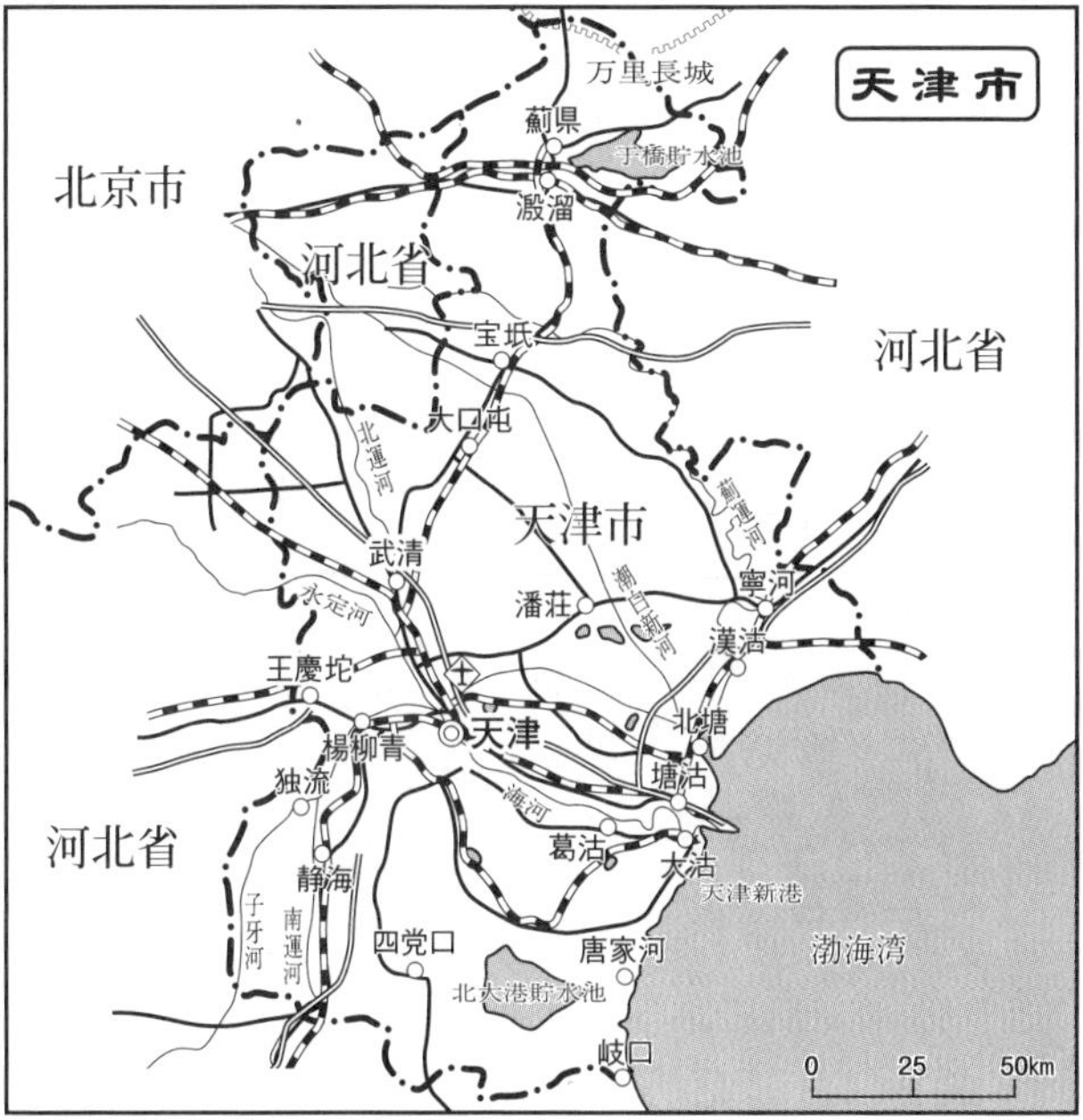

構成された。だが思ったほどには効果が現れていない。

　北京を訪れる外国観光客が年々増加している。だが高速道路でわずか一時間しか離れていない天津まではなかなか足をのばしてくれない。この局面を打開するために、80年代から天津では官民あげて観光客誘致のための新しい名所づくりに乗り出した。北京の文化街・琉璃廠《るりしよう》をまねて、清朝の街並みを再現した古文化街、多くのレストランが一堂に入居する南市《なんし》食品街などがそうである。しかし、あまりにも人工的な施設なので、その効果も期待されるほどのものではなかった。

中国国内では、同市があまり話題にのぼらなくなった。日本でも天津といえば、甘栗が連想されるくらいで、上海に次ぐ大都市だった同市の存在感は急速に薄まってしまった。

しかし、一方で同市は外国企業の誘致と外国資金の導入に全力をあげ、大きな成果をおさめた。

中国に対する外国企業の投資ブームが去り、投資額も減少傾向を強めた94年に、天津だけは外資導入において史上最高の実績をつくった。官僚主義が横行する北京とくらべ、政府部門の仕事効率が比較的よく、オフィスの賃貸料金も北京より四割も安いことなどが評価されたからである。それに鼓舞されて、10年がかりで浜海《ひんかい》ニュータウン建設プロジェクトがすすめられることになった。「北方の浦東《ほとう》」をねらうこのニュータウンは、天津港、開発区、保税区、塘沽《とうこ》、漢沽、大港、海河下流の一部地域をふくめ、陸地面積350平方キロの土地に自由貿易港を築こうとしている。

市の中心街から50キロ離れた塘沽区にある天津経済技術開発区は、総面積33平方キロ、東は渤海湾にのぞみ、西と南には天津空港、鉄道の京山線、北京・天津・塘沽を結ぶ京津塘高速道路、近くには天津新港があり、交通の便がよい。モトローラ、コカ・コーラ、デュポンなどをはじめ、台湾、香港《ホンコン》、アメリカ、日本、フランスなど20近くの国と地域、数千社の企業がここに投資し合弁企業などを設立した。

積極的な外国企業誘致導入政策により、アメリカのGE、モトローラ、韓国の三星、大宇、日本のダイハツ、ヤマハなど世界的に知られる大手企業もあいついで進出し、天津の産業地図を大きく塗りかえ、製品の水準を向上させた。一方、ハイテク産業もベンチャー企業の形でスタートし、いまは大きな勢力となりつつある。

天津の外資誘致でもっとも注目された成功例は、携帯電話などを製造するアメリカの大手通信設備メーカーのモトローラである。携帯電話の急速な普及により、モトローラは中国で携帯電話の代名詞になるほど広く知られ、2000年の販売実績が40億ドルと2年連続で中国モバイル市場ナンバー1のシェアを誇る結果となった。輸出においても2年連続で中国最大の外資系輸出企業となった。

21世紀の中国市場およびアジア市場を視野に入れ、同社は2000年さらに天津に半導体製造施設および通信施設を建設するために165億元を増資した。これまでの対中投資総額は285億元となり、中国最大の外資企業となった。

こうした大規模な投資に応じて、従業員の雇用数も増えている。2001年現在、モトローラは中国で一万数千名の従業員を雇用している。中国に設けられた18の研究センターとラボからなる同社の研究開発機関には、1500名以上の研究者が雇用されている。モトローラ製品の現地生産率は現時点で65％になっており、管理職も70％が中国籍となっている。

新しい投資で建設される製造施設は、おもにワイヤレス通信デバイス、自動車電子機器、多様な先進消費者向け製品など半導体ソリューションの提供を目的としている。2002年にはフル操業状態に入る。

モトローラのガルビン会長兼最高経営責任者（CEO）は、この新しい製造施設を「世界最大規模の半導体製造施設のひとつとなり、中国で最高の先進性を誇ることになる」と評価している。これによってもたらされる成長は、中国とアメリカのどちらにとっても、経済の活性化、雇用の創出、輸出の促進というメリットがあると考えられる。

中国の半導体市場は年間17％の成長を続け、2004年までに1500億元規模に達すると見られている。携帯電話加入者数も2001年にすでにアメリカを超え、世界最大規模となっているが、その成長はとどまることなく、2004年には2億5000万人になると予想される。

モトローラの追加投資はこうした市場の成長性を見越したビジネス行為に過ぎないが、ハイテク産業における天津の地位を大きく向上させている。

こうして甘栗の町である同市は、急速に中国における携帯電話やモバイルの最大の製造基地へと変身しつつある。

しかし、深刻な水不足が天津の住民生活を脅《おびや》かし、産業と経済の発展を妨げる足かせとなっている。80年代初頭に、河北省の灤河《らんが》の水を234キロにおよぶ暗渠《あんきょ》と水路をつくって天津まで引いてくる大規模な都市用水プロジェクトが実施され、天津の水供給問題はかなり改善されたものの、根本的な解決にはまだいたっていない。

同市の周辺農村は郊外型農業を営み、小麦、綿、果樹などの栽培が盛んである。日本の米の味と似ている特産の小站米《しょうたんまい》は、中国のコシヒカリとまで絶賛された。天津白菜、水分が多く甘い天津雅梨、かつて皇帝への貢《みつ》ぎ物とされた盤山柿《ばんざんがき》など、美味《おい》しい名産物が多い。海岸地域では、クルマエビなどの養殖が盛んにおこなわれている。

天津の泥人形も伝統的な特産品として有名。19世紀の泥人形づくりの名人で、のちに「泥人形の張」と親しまれる張長林がつくりはじめ、その流儀はいまでも受けつがれている。

河《か》北《ほく》省
——政治ドラマの裏舞台である北戴河《ほくたいが》で知られる

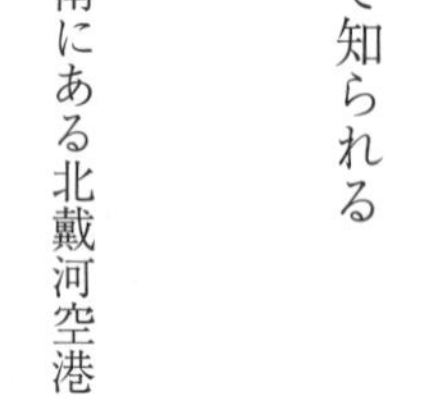

1971年9月12日深夜、河北省秦皇島《しんのうとう》市の西南にある北戴河空港で中国、いや世界を震撼《しんかん》させる事件が発生した。

暗闇《くらやみ》のなかを空港へ向かう走行中の車から銃声が聞こえ、死を覚悟して車を脱出した護衛兵が血だらけになって滑走路の側に倒れた。車から飛び降りた一行が滑走路の隅に停まっているトライデント256機に慌《あわ》てて乗り込むと、飛行機は駆け付けてきた武装兵士の阻止を無視して、北戴河空港を強行離陸した。同機は、中国共産党のナンバー2であり、「毛沢東《もうたくとう》の親密な戦友」とも称された林彪《りんぴょう》、夫人葉群、息子林立果とその仲間たちの9名を乗せて旧ソ連のほうへ飛んでいったのだ。

事情を知った周恩来《しゅうおんらい》総理は直ちに空の戒厳を命令し、毛沢東主席に「ミサイルで撃墜するか」と対応について指示を仰いだ。毛沢東主席は「なすがままにすればいい」と答え、ミサイルによる撃墜案を否定したという。しかし、林彪らを乗せたトライデント2

56機は亡命先とされる旧ソ連にまで辿《たど》り着くことなく、モンゴルの砂漠に墜落した。サスペンス映画よりもスリリングで、緊張感のある事件だった。

この事件の舞台である北戴河は、清《しん》の時代から避暑地として人気をあつめており、渤海《ぼっかい》湾に面した約7キロの海岸線が東の山海関《さんかいかん》まで広がる異国情緒漂う海浜リゾート地である。

北京《ペキン》〜瀋陽《しんよう》高速道路で3時間という交通の便の良さで、夏になると、北京や天《てん》津《しん》をはじめ、全国各地から訪れる旅行者や海水浴客で賑《にぎ》わう。いっぽう、中国共産党上層部のトップクラスの幹部が愛用する避暑地で政治活動をおこなう裏舞台としても世間から注目されている。毎年夏、共産党中央の高官たちが北戴河に集まって、避暑を兼ねた一連の重要会議が行われる。

いまは、北戴河、南戴河、黄色海岸を代表とする126キロの海岸線、「天下第一関」と称される山海関を代表とする25キロの長城の風景が主なビューポイントとなっている。北京と天津を囲むように位置している河北省は、北戴河を除くと注目を浴びるようなトピックがあまりない。

黄河の北に位置するので、唐の時代から「河北」と呼ばれるようになった。明《みん》から清の初頭にかけては首都の領地であり直隷《ちょくれい》省であった。1912年成立した中華民国が南《ナン》京《キン》を首都に決めたのち、河北の地名にもどった。古代は冀州《きしゅう》であったため、略称は冀となっている。戦国時代は現河北省の北部が燕《えん》国で、南部が趙《ちょう》国であったので、「燕趙」もまた同省の異称となっている。

1949年中華人民共和国建国後、省都は最初保定《ほてい》市であったが、58年から67年にかけて天津市が河北省の所轄《しょかつ》になったことによって省都も天津市にかわった。67年に天津市はまた中央直轄市に指定されたため、省都はいったん保定市にもどったが、翌年の68年に石家荘《せきかそう》市に移転して現在までつづく。そのためか、省都石家荘市はいまだに存在感が薄い。

河北省は華北地区の最大の省で、人口は同地区の半分近くを占め、エネルギー産業、鉄鋼産業が発達し、重要な綿花・小麦の産地でもある。

同省の中部に位置する華北油田は70年代に採掘がはじまって以来、その石油採掘量は天津の大港《だいこう》油田を上回り、華北では最大、全国でも第五位の油田となった。

一級・二級自動車道の延べキロ数は中国第一位を保っており、自動車道路普及率は全国平均を大きく上回っている。長い海岸線をもち、同省と中国北方地域の海の玄関である秦皇島港はすぐれた港湾として知られる。石炭、石油などを取り扱う専用埠頭《ふとう》などがあり、対外貿易港であると同時に漁港でもある。

豊富な鉄鉱資源と石炭資源を活《い》かして、冶金《やきん》産業の発展に力をいれ、石炭加工業も発達し、建設材料産業が盛んである。冀東セメントや秦皇島耀華《ようか》ガラスなどは中国で有数の規模を誇る大型建設材料会社である。石家荘市には中国最大の抗生物質製薬会社・華北薬廠《やくしょう》がある。邯鄲《かんたん》鋼鉄総工場も近代的製鉄所として注目された時期があった。

80年代に華北地区で、横の連携の強化、情報の交換、優遇条件の相互提供、産業分布の合理化について互いに協力するという主旨のもとで、北京、天津、山西省、内蒙古《ないもうこ》自治区と提携して華北経済技術協力・合作区を発足させた。しかし、めざましい成果はあがっていなかった。

９０年代にはいってからは北京、天津に近いという有利な条件を活かして、環京津経済地帯または首都圏をつくろうという声が高まったが、それもいつの間にか消えてしまった。

同省の張家口《ちょうかこう》は、北京の西北２００キロにあり、中国内地とモンゴル平原を結ぶ交通の要地である。日本軍は１９３３年にここの一部の地方を占領し、３９年に傀儡《かいらい》政権の蒙疆連合自治政府をつくって支配したことがある。戦後は長年、北京を防衛する戦略拠点としてベールにおおわれていた。外国人は事前に公安の許可をもらわなければ、同市への立ち入りを厳しく禁止されていた。８９年の天安門事件後、二度も大規模な開発計画を作成し、投資を企画したが、タイミングをうまくつかむことができず開発の波に乗り遅れている。９５年の初夏にようやく対外的に開放され、外国との経済交流を進めたが、期待されたほどの成果は上がっていない。

地震多発地域と見られているのも、同省の外資誘致に不利な要素の一つだ。同省はこれまで数回も大きな地震に見舞われたことがある。１９６６年邢台《けいだい》市で発生した大地震がきっかけで、中国での本格的な地震研究がスタートした。そして７６年に発生した唐《とう》山《ざん》大震災は、改めて同省が巨大地震の多発する地域だということを浮き彫りにした。

７６年７月28日未明、マグニチュード８の大地震が唐山市を襲った。死者24万人、重傷者16万人。軽傷者にいたっては無数である。地震発生後、世界中から物資の援助が申し込まれたが、当時の中国政府は自力更生という建て前をかたくなに守り、こうした人道上の援助をすべて断ってしまった。しかも死傷者など被災の実状などについて、情報封鎖で真実を国民に知らせなかった。ちなみに、死亡者の人数や被災地の実状などは10年後にはじめて良心的な作家の手によってあきらかにされた。

唐山大震災は中国の国民を悲惨な目にあわせた文化大革命の末期におきた天災ではあるが、当時、中国各地で世の中の非道に天がついに怒ったと人々はこの震災について話していた。

同省は伝統的な市《いち》が盛んで、各地にある定期市は数千にのぼる。なかには名物市も少なからずある。

「天下第一の漢方薬市」、「薬都」の異称をもつ祁州鎮《きしゅうちん》は1400年の歴史をもち、古くから漢方薬の集散地として知られている。祁州鎮の漢方薬市では毎日3000種類以上、100トン近くの漢方薬が流通している。

「河北省第一の市」と評価される辛集《しんしゅう》市は中華人民共和国建国前、全国の革製品の70%の流通を一手に握っていた。改革・開放政策が定着した現在は、ふたたび農産物、工業製品、商業サービスを提供する大きな市として栄光を取り戻し、多い日には数十万人をあつめる人気ぶりである。

世界遺産　清西陵

世界遺産　避暑山荘

河北省で生産額が最初に1億元に達した勝芳鎮《しょうほうちん》、中国北方で最大の革製品市となった留史鎮の市なども名物市である。

近年、交通の便の良さを利用して、観光業に力を入れている。名高い避暑地で北戴河のある秦皇島は毎年大勢の観光客をあつめている。18世紀初頭につくられた避暑山荘は、中国では現在のこっている皇室庭園のなかで最大規模のものとして知られる。清の皇帝が避暑に訪れた離宮で、各種の政治活動をおこなう重要な舞台でもあった。遵化《じゅんか》県に広がる清東陵《せいとうりょう》は清の5人の皇帝、14人の皇后、１６６人の妃が埋葬されている広大な墓地である。清東陵は易県の清西陵と湖北省鐘祥市にある明の顕陵と合わせて、明清皇家陵墓として世界遺産に登録された。

河北省出身の著名人は、清の時代の小説家である曹雪芹《そうせつきん》（1715頃～1763頃）だ。曹雪芹は名門の出身であったが、父の代に没落。成人後、北京に居住。晩年名作『紅楼《こうろう》夢《む》』を著し、賈《か》一族の盛衰、男女の情愛を通じて当時の社会を克明に描き出し、多くの人を虜《とりこ》にした。

しかし、いまの河北省は人々に鮮明な印象をなかなか残すことができない。同省を紹介するインターネットのあるサイトでは、同省を浙江《せっこう》省と書き間違えているくらいで、黄河を挟んだ河南《かなん》省と同じ悩みを抱えている。

山西《さんせい》省

——民居《みんきょ》に新しい命の息《い》吹《ぶき》を吹き込む

日本では「紅いコーリャン」(’87)、「秋菊の物語」(’92)、「初恋のきた道」(’00)などの映画で知られる、中国「第五世代」の映画監督張《チャン》芸謀《イーモウ》の名作のなかでも、「大紅燈籠高高掛」(邦訳「紅夢」、’91)は無視できない存在だ。1990年度ベネチア映画祭で、銀獅子《ぎんじし》賞を受賞している。

映画の舞台は、1920年代の山西省。家庭の事情で、大学を中退し富豪の第四夫人として大邸宅に嫁いだ19歳の頌蓮《ソンリエン》(中国でもっとも有名な女優の鞏利《コン・リー》)が、高い塀に囲まれた煉瓦《れんが》造りの閉鎖的な豪邸の中で、他の妾《めかけ》たちと織りなす嫉妬《しっと》と憎悪《ぞうお》の日常に精神的に追い込まれていく物語だ。大旦那《おおだんな》が夜を過ごす妾の家にのみ灯《とも》される紅《あか》い提灯《ちょうちん》が、重厚な住宅に象徴される封建時代の非人間性を暗示的に描き出している。その象徴的な色彩の使い方が「紅いコーリャン」にも示された張芸謀の芸風を観衆に印象づけたばかりでなく、山西省の土地柄や歴史・風土をも濃厚に表現していた。

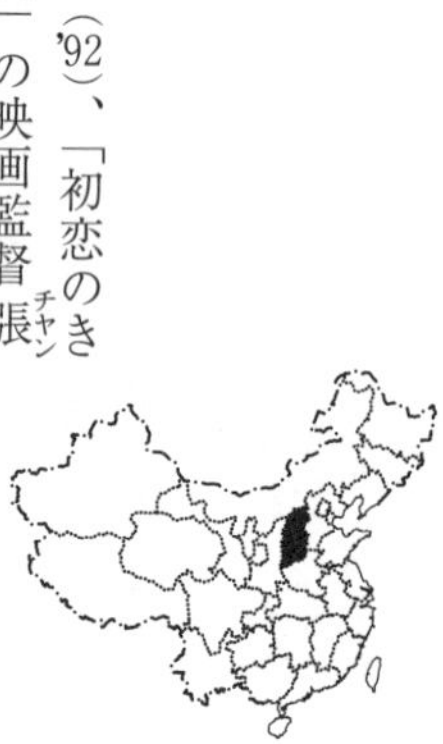

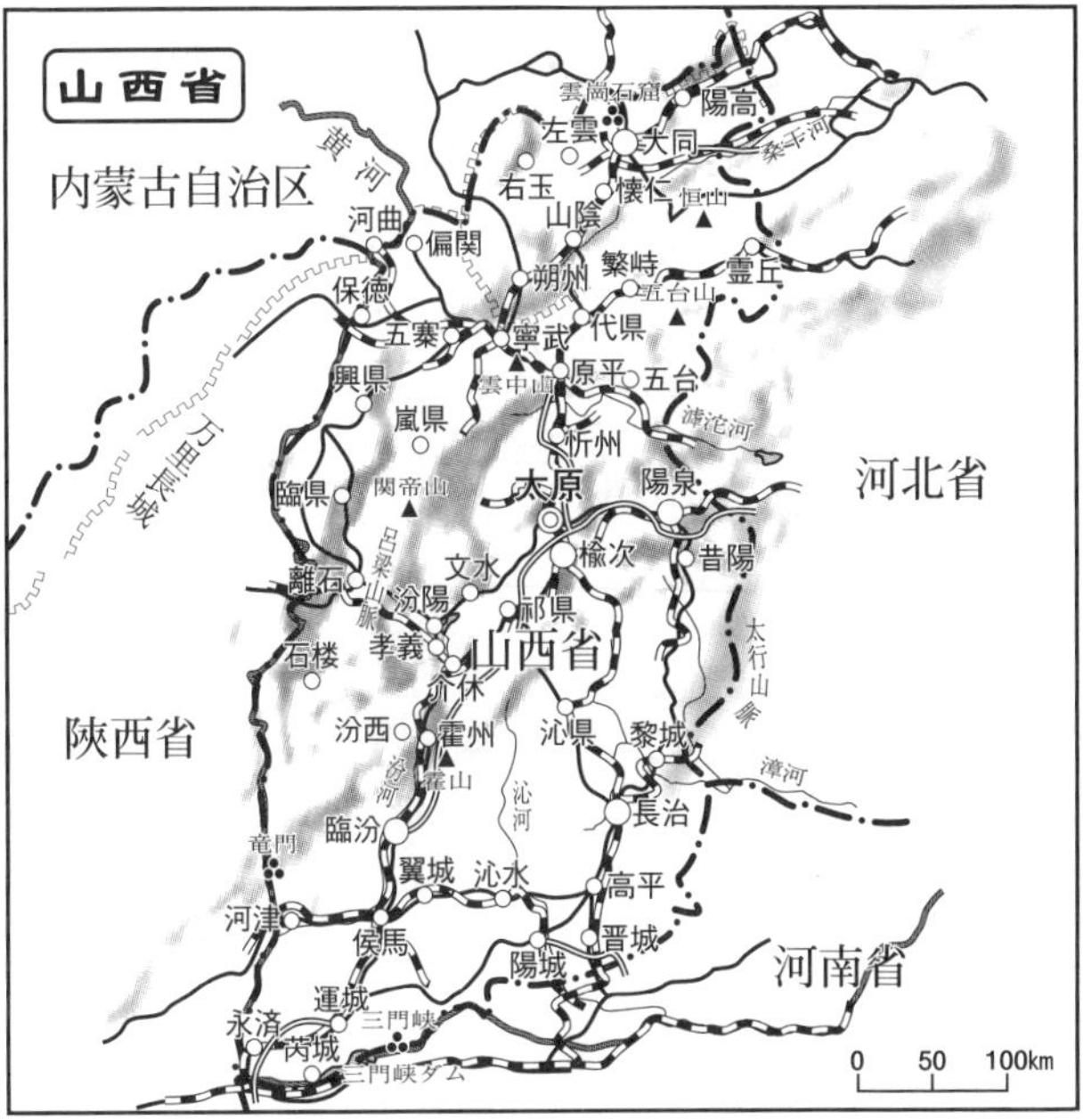

夜が紺色に辺りを染め、軒先に紅い提灯がズラリと掲げられた大邸宅の重々しい壁、数え切れないほどの部屋、息をひそめて家事をする使用人たち。これらとともに観衆の心にずっしりとした威圧感を与えた大邸宅が、絶望的な時代の雰囲気を醸《かも》し出している。

　ところで、この映画の舞台になった大邸宅は、安っぽい映画セットではなく、山西省祁《き》県に実在する喬家《きょうか》大院である。日本流で言えば、喬家の豪邸ということになる。

古代の民間住宅は中国では民居と呼ばれ、北方の民居のなかでも山西省の民居はずば抜けた存在感を誇っている。そのなかで山西省の中部にある祁県の民居が特にその質の良さで知られている。

約200年前の清《しん》の乾隆《けんりゅう》、嘉慶《かけい》時代に建てられ、敷地面積が8700平方メートル、六つの大きな庭を中心にしてブロック分けされ、20の小さい庭と313の部屋からなる。その重厚なデザインと鮮明な地方特色が多くの人々を魅了している。「紅夢」が国際的な評価を得てから、喬家大院は広く知られる存在となった。「喬家大院を見ずには山西省を観光したとは言えない」や「宮殿建築は北京《ペキン》の故宮《こきゅう》で、民居は喬家大院だ」という端的な評価がなされたほどだ。

しかし、喬家大院は俗称に過ぎず、正式な邸宅名は「在中堂《ざいちゅうどう》」だ。その所有者であった喬致庸《きょうちよう》は清末と中華民国時代初期の有名な金融資本家で、今日流に言えば、消費者金融業者と銀行を兼ねた「大徳通」、「大徳恒」という二つの会社を経営しており、北京、上海《シャンハイ》、太原《たいげん》、雲南《うんなん》など各地に30以上の支店を擁していた。喬致庸は内蒙古自治区の包《パオ》頭《トウ》市にだけでも1000軒以上の建物を所有しており、喬家大院はその資産の一部に過ぎなかった。

喬家大院は1965年に省レベルの文化財保護対象に指定され、1986年から主に清末時代の漢民族の生活習俗を紹介する祁県民族博物館へと変わり、これまで600万人以上の見学者を受け入れてきた。「紅夢」をはじめ30以上の映画・テレビドラマの舞台にもなった。近年、映画の宣伝効果に加えて大型連休の登場で、喬家大院に代表される同省の民居を見学する人々の数はうなぎ登りに増えている。2001年5月の中国のゴールデンウイーク中だけでも、13万人の観光客が喬家大院を訪れた。

　同省には、喬家大院のような民居が数多く残っており、曹家《そうか》大院、渠家《きよか》大院、王家《おうか》大院などがその一部である。これらの民居は古代の城壁が完全な形で残っており、世界遺産に登録された平遥《へいよう》古城と並んで観光客の心を虜《とりこ》にしている。

　華北平野の西部、黄河の中流の東岸に位置する同省の周囲は川となっているので、ほかの省との境界がはっきりしている。山間地帯は省全体の80%を占め、全長695キロの汾河《ふんが》（汾水とも呼ぶ）は省内最大の川である。省の東部は太行山《たいこうざん》を中心とする山地で、恒山《こうざん》、五台山《ごだいさん》などの山々がそびえ立つ。西部は呂梁山《りよりようざん》を背骨とする黄土《こうど》高原である。冬は寒くて長く、夏は短くて暑い。

　太行山の西側に位置するため、古くから山西と呼ばれてきた。中国古代文化の発祥の地であり、開発がもっとも早かった地域でもあった。

　遠い昔、叔虞《しやくぐ》の子孫たちが汾水の支流晋水《しんすい》の清冽《せいれつ》な水に惹《ひ》かれ

世界遺産　平遥古城

て国号を晋と改め、春秋時代の雄となった。現在にいたるまで、同省の略称は晋のままである。清の時代に山西省と名が定まった。農民一揆《いっき》が多発していた土地柄で、抗日戦争中は晋察冀《しんさつき》革命根拠地が設置された。

歴史上、商売に従事する人間が多く、その成功により、「晋商」という呼び名までできた。清末時代には、北京を中心とする北方の金融市場をほとんど握っていた。商売上成功を収めた商人たちは故郷に錦《にしき》を飾りたい一心で自分の出身地に相次いで豪邸を建てた。それが今日の山西民居というわけである。

中華人民共和国建国後、同省を石炭、エネルギー、重工業、化学産業の基地にするため、古交《ここう》、平朔《へいさく》、哈城《ごうじょう》、河津《かしん》、柳林《りゅうりん》、陽城《ようじょう》など七つの鉱工業区を建設し、新しい都市を形成する計画がすすんでいた。省都太原市も中国有数のエネルギー・重工業都市となった。

そのため、山西省といえば、中国人はまず石炭を連想する。同省には大同《だいどう》、寧武《ねいぶ》、西山、汾西《ふんせい》、沁水《しんすい》、河東《かとう》の六つの巨大炭田、陽泉《ようせん》、渾源《こんげん》、五台、平陸《へいりく》など大炭田がある。規模の差はあるものの、省内各地にさまざまな炭田が分布している。現在の採掘速度で計算すれば、同省の石炭資源は、あと１０００年くらいは採掘することができる。国内26の省・市のほか、日本、イギリス、フランス、イタリア、バングラデシュなどの国々にも輸出している。大同鉱務局は中国で最初の超大型石炭コンビナートで、世界的にも有数の大型炭坑として知られる。大同の西南に新しく建設された平朔安太堡《あんたいほ》炭坑は、中国最大を誇る露天採掘炭坑である。陽泉も中国最大無煙炭供給基地としてその名を轟《とどろ》かせている。

しかし、国有企業改革が進むなかで、エネルギーも石炭から石油や天然ガスに切り替えられ、石炭の都としての同省の産業的地位が大幅に低下し、夥《おびただ》しい失業者を生みだしている。変革時代の産みの痛みとはいえ、大きな社会問題になりつつあるのが実情である。

こうしたなか、同省の民居に多くの人々が関心をもち、大勢の観光客が訪れることは、まさにまたとない朗報である。

中華文明の揺り籠《かご》とも形容されている同省は、歴史的遺跡が多い。省都太原市も悠久の歴史をほこる都市で、同市で発見された「古交旧石器文化遺跡」は、10万年前に人類がこの土地で生活していたことを物語っている。新石器文化の遺跡は7000〜8000年前に母系社会がこの地で輝かしい文化をつくったことを伝えている。太原の前身である晋陽城は2500年前にできている。宋《そう》の時代に太原城が築かれたことから計算しても1000年以上の歴史がある。

省内には、遼《りょう》、金時代以前の古代建築が数多く分布しており、全国の古代建築の70％以上を占め、同省は「中国古代芸術博物館」と形容されるほど注目されている。

五台山も古くから中国の仏教の名山となっている。北魏《ほくぎ》時代から仏教寺院がたくさん建てられた。のちに仏教弾圧が幾度もおこったが、またその都度復興した。唐代は太宗《たいそう》皇帝、則天武后《そくてんぶこう》の庇護《ひご》のもとで、五台山は最盛期をむかえた。当時、さまざまな規模の寺院が360以上もあった。しかし、唐の武宗《ぶそう》皇帝は仏教を弾圧する方針をとったため、ほかの地方と同じように多くの寺院が解体され、僧も還俗《げんぞく》させられた。厳しい歴史の試練に耐え抜き、五台山はいまも仏教の名山という地位を守っている。顕通寺《けんつうじ》は漢の時代に建てられたといわれ、現在、五台山で最古の寺院として知られる。武宗皇帝時代の仏教撲滅を奇跡的に逃れた南禅寺、仏光寺もいまは唐の時代の寺として貴重な存在である。

仏教を国教とした北魏の時代に、仏教文化は敦煌《とんこう》、麦積山《ばくせきざん》などの西域の石窟《せっくつ》に輝かしい足跡をのこしたばかりではなく、同省にもその花を咲かせた。敦煌、洛陽《らくよう》とならぶ中国三大石窟の一つである雲崗《うんこう》石窟は武周山の西麓《せいろく》にあり、東西約1キロにわたって掘られた雄大な石窟群はまさに仏教文化が咲かせた名花といえよう。なかでは第20窟の大仏はとくに有名である。微笑《ほほえ》みをたたえた大仏は、北魏の皇帝に似せてつくられたと言い伝えられている。近年、環境汚染のため石窟も仏像も破損がすすんでいるという。

紀元前1100年頃、晋国の始祖である叔虞を祀るための祠堂《しどう》としてはじめられた晋祠も、同省を代表する文化財である。唐と北宋時代に拡張工事がおこなわれ、今日の規模になった。面積4万平方メートルの境内に50以上の殿宇《でんう》・亭屋がある。晋水の源であ

雲崗石窟

る清冽な難老泉もその境内にある。同省の人々にとって晋祠は祖先を祀る祠堂であり、心の故郷《ふるさと》でもある。

　そのほかに、中国五岳の一つ、恒山《こうざん》の麓《ふもと》の絶壁にしがみつくように建っている古寺懸空寺《けんくうじ》、黄河が高さ二十数メートルの滝となった壺口《ここう》滝、風に吹かれると巨石が動く絶景の北武当山、唐の太宗皇帝の妹が出家した先といわれる綿山《めんざん》、抗日戦争の初期、共産党軍の総本部だった八路軍《はちろぐん》総司令部旧跡、『三国志』の主要人物の一人、関羽《かんう》を祀る運城《うんじょう》市の解州関帝廟《かいしゅうかんていびょう》なども、人気の観光スポットである。関羽（１６０頃～２１９）は三国時代の蜀《しょく》の武将で、同省解州（当時は河東郡解県）に生まれた。張飛《ちょうひ》とともに劉備《りゅうび》を助け蜀の建国に尽力した。「信義が高い人」として尊敬され、現在でも民間では武神・商神として関帝廟に祀られている。横浜中華街にも関帝廟があるのはそのためである。

太原西南60キロの石壁山中にある玄中寺《げんちゅうじ》は日本の浄土宗の祖庭である。法然がここで浄土の教えに接し、日本帰国後、浄土宗を開いたことは、いまは中日文化交流史の一ページとなっている。

もう一つ悠久の歴史を感じさせるものがある。杏花村《きょうか》の汾酒《ふんしゅ》だ。汾陽県杏花村は、高《コー》粱《リャン》を原料にする銘酒「汾酒」「竹葉青」を醸造することで知られる。その醸造の歴史は南北朝時代（420～581）にさかのぼることができる。1916年、パナマ博覧会で金賞を受賞したことにより、中国国内での地位を不動のものにした。93年に杏花村汾酒廠《しょう》は上場した有限公司（株式会社）となり、内陸地の同省に株ブームを巻き起こした。

内蒙古《ないもうこ》自治区
——風力発電と砂漠化が進む

2000年の春先、北京《ペキン》は七回もの砂塵《さじん》の嵐《あらし》に見舞われた。砂嵐は内蒙古からやってきたものだ。内蒙古というと、人々はすぐ見渡す限りの大草原と馬にまたがって暮らす遊牧民を連想する。だが、実際には砂漠化が年を追うごとに進み、環境保護の問題が次第に深刻さを増している。この現実は案外知られていなかったが、前例を見ないほどのこの砂嵐によって、人々は内蒙古の砂漠化問題を否応《いやおう》なく直視せざるを得なくなった。

そんななかで、天と地とを黄色く染める砂の嵐を冒して内蒙古を駆け足で回る機会があった。

車は首府の呼和浩特《フホホト》市を出て、モンゴルとの国境地帯を目指して北へ北へと走っていく。道は途中からとても道路などといえるようなものではなくなった。砂漠化した大地に刻まれたタイヤの痕《あと》を追ってただひたすら走っていたと言った方がいいかもしれない。

道の傍らには、迫りくる砂丘のために居住できなくなり捨て去られた家々がいくつもあった。

　都市部や沿海地域の生活水準の向上によってカシミヤに対する需要が高まったため、豊かな暮らしを夢見る内蒙古の住民は、羊の放牧数を増やすことが近代的な生活への近道だと考えた。だが、むやみに増えた羊が草原の退化を深刻化させてしまった。

　しかし、草原の再生に重要である牧草栽培は順調には進んでいない。近年、自然環境を守るために羊の放牧数が規制の対象となり、一家族で飼養できる家畜の数が決められた。草の種を蒔《ま》くなどして草原の再生に努めた牧民に対しては、放牧数の増加をそれに比例して認める制度もスタートした。さらに草の栽培面積に応じて補助金も出し、草の種子は政府側が無料で提供している。だが、これらの奨励措置は農業を知らない牧民にはあまり効果がなかった。

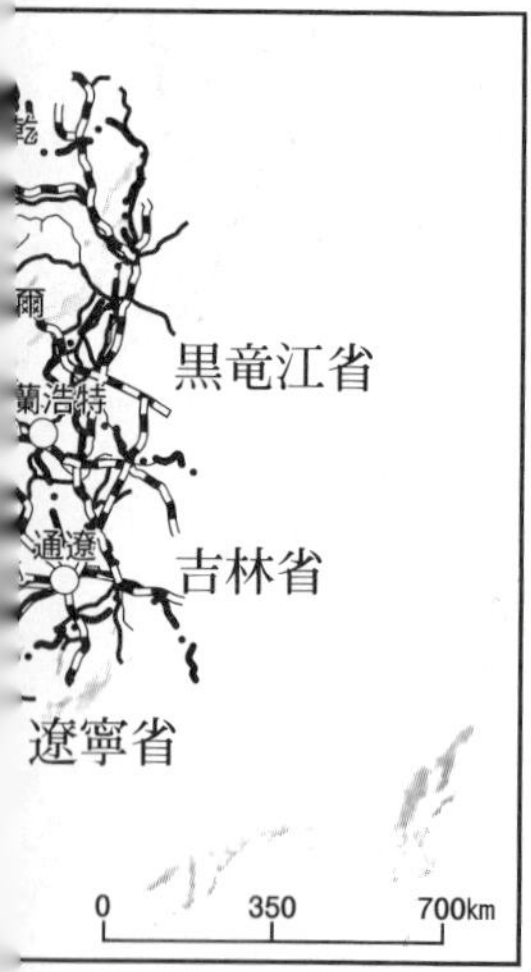

　一般的に、年間降水量50ミリ以下では人間も家畜も生存できないと言われているが、一部の地域では年間降水量がわずか10ミリしかない。気候も内蒙古の発展を阻《はば》む重大問題だ。人工降雨は毎年行われているが、それも思うとおりの効果は

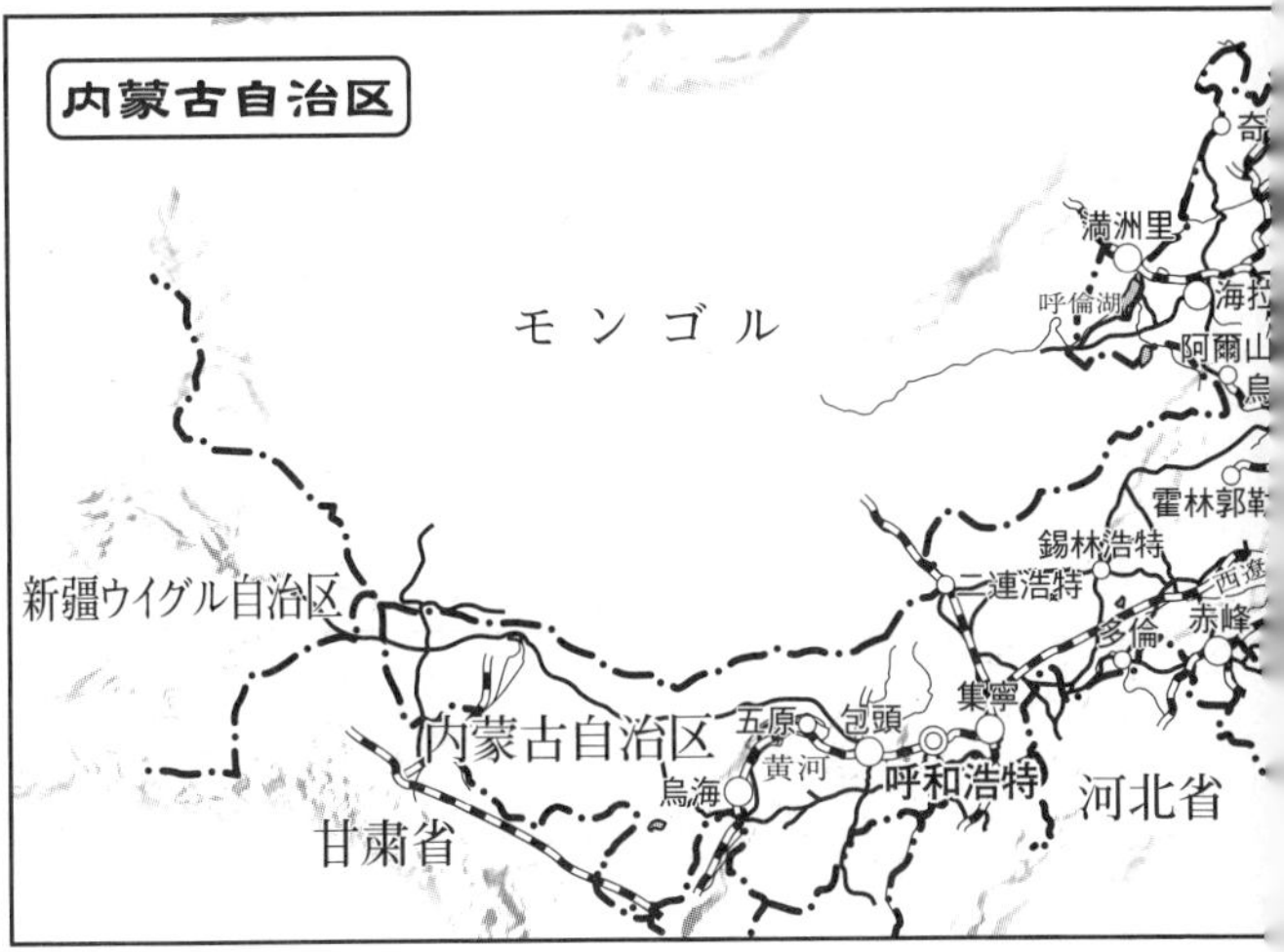

上がっていない。

内蒙古の生態環境はここ十数年で急速に悪化している。地図上にある湖は、実際にはもう存在していない。10キロ範囲内で井戸が一つしかないという地域も多い。地下水に頼りすぎたせいで地下水の水位も急速に下がり、このまま行くと将来の飲料水の確保も困難になる。劣悪な環境のなかで生存を維持するには人口の増加を抑えなければならない。

自然環境の改善が簡単には期待できないため、内蒙古の人々は生活レベルの向上を風力発電に託している。1999年末現在、内蒙古では電気の通っていない村が1011もあり、30万世帯が電気とは縁のない生活を送っている。ちなみに中国全土では1800万世帯、約2300

万人が電気の通っていない地域に住んでいる。電気のある暮らしは多くの人々にとって近代的な生活へのファーストステップである。

現在、進められている風力発電プロジェクトには、村単位で電気供給を行うケースと家庭単位で小型風力発電機を使用するケースがある。発電出力は風の強さに左右される。電気供給の安定化を図るため、風が弱い日や季節には、緊急手段として前者ではディーゼル発電機を利用して電気を供給する。後者は太陽エネルギーを利用した発電でカバーする。さらに、電気使用量が少ない日中には、風力発電あるいは太陽エネルギーを利用しての発電で得た電気をできるだけ蓄電器に貯《た》めておく。

その努力の甲斐《かい》あって、住民は一気に近代的な暮らしを手に入れた。電気が使えるようになってから、テレビの普及率は急速に高まった。国境近い僻地《へきち》でも厚底靴を穿《は》いた地元の少女たちの姿が見られ、テレビの威力をまざまざと見せつけられた。

広大な土地に数軒しかないこうした村に科学技術や知識を普及させるためには、テレビの威力に頼らざるをえない。その意味では、風力発電の推進は単なるクリーン・エネルギーの追求や民衆生活の電気化のためだけでなく、民衆の意識を変えるために不可欠な基本条件でもある。

内蒙古は風力発電を積極的に推進したとして、オーストリアで「2000年ワールドワイドエネルギー賞」の一等賞を授与されるなど、国際的な評価も得たが、遊牧民たちが夢見ている近代的な生活の実現にはまだまだ道のりは遠い。

電気の普及は遊牧民の定住化を一層加速させた。そのライフスタイルも近年大きな変化を見せている。

本来、遊牧民族であるモンゴル族の住まいは、移動に便利なモンゴルゲルと呼ばれる一種の移動式テントである。大抵の場合は柳の木を枠にし、羊毛のフェルトでそれをおおい、ゲル内には毛足の長い絨毯《じゅうたん》を敷き詰めて快適な居住空間をつくりだす。牛の糞《ふん》などを燃料にする囲炉裏ももうけられている。

しかし、いまは住まいをゲルからより快適な生活を送ることのできる住宅へと移して暮らす人が増えている。こうした変遷《へんせん》を反映して、一部の地域ではモンゴルゲルは観光施設として利用されるのみとなった。特に観光シーズンの夏に、民族色豊かなモンゴルゲルは、馬術やモンゴル舞踊とともに観光客を喜ばせる重要な観光のコンテンツである。

住民の多くは漢民族で、モンゴル族はむしろ少数派だが、モンゴル族の主要居住地らしく、塩だけでゆであげた羊肉をナイフでえぐりとって食べる食べ方や、羊の丸焼き、磚茶《チョアンチャ》（固めたお茶）に羊の乳から作ったバターと塩をいれて飲む「蒙古《モンゴル》茶」、馬乳を発酵してつくった馬乳酒などが依然として住民の食生活の主流を占めている。

自治区首府・呼和浩特市は、明《みん》の時代には帰化という地名だった。当時の城壁と城内の建築物の多くは青い煉瓦《れんが》でできていて、遠くから眺めると町全体が青い色に見えたという。そのため、「青城」という意味の現地名となった。

沿海地域と比べれば大きく立ち遅れているものの、90年代初期頃から国境貿易が盛んとなり、特にモスクワに通じる2本の国際鉄道が同自治区内を走っているので、モンゴルとロシアとのバーター貿易で経済の活性化にある程度成功している。

しかし、国有企業が競争力を失い、牧畜業も厳しい競争に直面し、沿海地域との格差はなかなか縮まらない。西部開発が注目されるなかで、その後進性を逆にアピールし、西部開発の恩恵に与《あずか》ろうとする戦術に出た。依然として受け身的な姿勢に対して批判する声もある。

遼寧《りようねい》省

――かつての栄光を取り戻そうとする

　遼寧という地名には、省内を流れる遼河の流域が永遠に安寧であるように、という祈りがこめられている。鴨緑江《おうりよつこう》（朝鮮語ではアムルクカン）を挟んで、朝鮮民主主義共和国（北朝鮮）と国境を接している同省全体の地形は「山6割、水1割、耕地3割」という言葉で表現できる。中国で二番目に大きい半島・遼東半島が黄海と渤海《ぼつかい》に突き出しており、長い海岸線と多くの島々を有する。山地・丘陵地である遼東及び遼西と遼河平野部の3地域に分けられる。省内には同省最長の川・遼河を筆頭に、鴨緑江など360の川があるが、年間平均降水量は688ミリで、水資源は決して豊富とはいえない。寒冷期も短くはないが、日照時間は充分にあるため農業には適している。鉱物の埋蔵量が豊富で、鉄鉱は全国の埋蔵量の4分の1を占める。

　同省は東北地区で面積が最小の省だが、大中規模の都市数、総人口における都市人口数、鉄道網の密集度、工業・農業の総生産額、一人当たりの生産額などにおいては、長い間全国でも先進地域だった。地理的にも海に臨み、海上・陸上交通が発達し、産業発展の優勢を保つのに必要な好条件が揃《そろ》っていたためである。

省都瀋陽《しんよう》市は、別名渾河《こんが》と呼ばれる瀋水の北側にあるため、瀋陽という地名になった。清《しん》王朝は16世紀にこの地に首都をもうけ、多くの古代建築物を残した。瀋陽市は東北地方最大の都市であり、遼寧省の政治、経済、文化、交通の中心でもある。

大連《だいれん》などの重要都市がある遼東半島は、同省の域内総生産（GDP）の7割以上を生みだしており、中国最初の重工業基地でもあった。省全体の工業総生産額の7割以上は重工業に依存していた。石炭の主要産出基地としては、鉄法《てつぽう》、瀋陽、撫順《ぶじゅん》、阜新《ふしん》などの炭坑がある。

鉄鉱と石炭資源に恵まれている同省は中国最大の鉄鋼生産基地で、全国鉄鋼生産量の5分の1を担《にな》っている。上海《シャンハイ》宝山製鉄所が生産を開始する80年代末までは中国最大規模であった鞍山《あんざん》製鉄所や、本渓《ほんけい》製鉄所などの大手製鉄所または製鉄関連会社を有している。

ちなみに、鞍山製鉄所の前身は旧満州国の「南満鉄道株式会社鞍山製鉄所」で、1916年に設立された。本渓製鉄所の方は、清王朝末期の1910年に日本の財閥と清王朝との合弁で設立された本渓煤鉄有限公司であった。

全国第三位の規模を誇る遼河油田は80年代から開発の最盛期を迎え、新興産業として大きく発展し、その加工能力も全国の先端を行く。遼陽石油化学繊維公司や丹東化学繊維廠《しょう》などの化学繊維関係大手企業を有し、中国有数の化学繊維原料生産基地の一つである。化学産業もまた無視できない地位を確保しており、大連化学工業公司は東北地区最大の化学関連メーカーの一つである。瀋陽では鉱山用機械、冶《や》金《きん》設備、動力設備などが、大連では造船、

機関車製造などが主に発展している。

しかし、70年代末から始まった改革・開放の波に乗って、沿海地域、特に南方地域は目覚ましい成長を遂げた。躍進する南方と比べ、重厚長大型の産業が多い同省は立ち遅れが目立つ。特に軽工業や第三次産業が長い間無視された結果、産業構造のアンバランス化は深刻である。民衆の生活水準も広東《カントン》省や上海などに大きく後れをとっている。工業生産額による実力順位は、1981年の全国三位から92年の五位へと下がり、その地盤沈下には目を覆《おお》うものがある。

中国初の国有企業の倒産事件も同省内で起きた。遼寧省は赤字、リストラ、倒産を連想させる地名となり、国有企業の人員整理の嵐《あらし》が社会の隅々にまで影響を及ぼした。社会保障制度と再就職システムがまだ完全に確立されていない中国では、増え続けるリストラ労働者が社会秩序を脅《おびや》かす大きな不安定要素となりかねない。

遼寧省は、省の最も南に位置し南西に突き出た遼東半島にある大連市に再起の夢をかけた。遼東半島は北朝鮮、日本、韓国、ロシアに近く、地理的にも恵まれている。東北地区の対外国貿易の玄関であり、ヨーロッパに通じる陸上交通の要衝でもある。

また、大連は海に囲まれており、東北地区最大の港でもある。昔からハイカラな町として知られている。寒冷な東北地区で比較的温暖な土地として知られ、遼寧省のなかでは唯一《ゆいいつ》重工業と軽工業の両基盤をもつ都市でもあり、インフラ整備も積極的に推進されてきた。

80年代中頃から、遼寧省政府は大胆な外国企業誘致政策を打ち出し、大連を中心に経済開発を急ピッチで進めている。特に1984年、大連は経済特別区と同等の優遇条件が進出企業に付与される14の沿海開放都市の一つに指定された。大連はこうした優遇措置を受けた東北地方唯一の市である。

大連市はこうした有利な条件を最大限に利用して懸命な追いこみをかけた。そして90年代に入ってからは目を見張るほどの発展をみせ、「北の香港《ホンコン》」となることを期待されるまでになった。

経済技術開発区をもうけた大連は日本の主要進出先となり、精工電子など日本大手企業3000社あまりが前後して同市に進出した。大連向け海外投資においては日本企業が約半分を占めており、他国の追随を許さない。日本企業と日本の海外経済協力基金による官民一体の国際開発プロジェクト・大連工業団地も建設されている。現在、大連は東北地区で改革・開放がもっとも進んだ地域となっており、遼寧省の経済発展に大きく寄与している。90年代にはいってから日進月歩で発展する大連は、遼寧省だけでなく東北地区全体の経済をも力強く引っ張る牽引車《けんいんしゃ》的な役割を果たしている。

また、アカシアの並木が多い大連は、歴史的に日本と関係の深い地でもある。

古代、大連では上質な青泥《せいでい》があると伝えられ、人々はそれを掘り起こして家を建てた

大連の欧風建築

という。したがって、古代の地名は「青泥」と言った。長い年月がたち、ついには窪地《くぼち》となり、明《みん》・清《しん》代以降大連は「青泥窪《せいでいわ》」と呼ばれるようになった。現在でも大連駅付近が「青泥窪橋」と呼ばれているのはこのためだ。

帝政ロシアが支配していた頃、青泥窪一帯はダーリニー（達里尼）市とされていた。日露戦争後の1905年、日本がその支配権を握り、達里尼から現在の都市名である「大連」へと正式に改称した。以降、日本敗戦の1945年まで、日本は大連を約40年にわたって統治した。

戦前、大連市人口の約2割が日本人であった。いまも大連賓館（旧大和ホテル）、中国銀行（旧横浜正金《しょうきん》銀行）、勝利橋（旧日本橋）など日本統治時代の建築物やヨーロッパの薫りを漂わせるロシア風建築が多く残存し、大連が歩んできた茨《いばら》の道と歴史の風雪を今日に伝えている。そのためもあってか、大連の街並みは多くの日本人に昔日《せきじつ》のノスタルジーを感じさせ、親近感を与える。日本企業が大連に集中している理由の一つもそこにあるのだろう。

日本企業の強力なバックアップを受けた大連と遼寧省は、北朝鮮、日本、韓国、ロシアに近いという地理的優勢を活《い》かして、環日本海地域経済圏を築こうと考えている。

環日本海地域とは、日本海をとりまく日本、中国東北地区（遼寧省・吉林《きつりん》省・黒竜《こくりゅう》江《こう》省）、ロシア極東、韓国、北朝鮮といった地域を指す。冷戦の終焉《しゅうえん》とともに、この地域のさまざまな交流が本格化しつつある。域内の各国の経済的な補完性は極めて強く（ロシアの石油、鉱物、森林、漁業資源、中国と北朝鮮の労働力、日本と韓国の技術、資本など）、各国及び地域の協調と協力によって、大きく発展する可能性を秘めている。

その夢を実現するため、遼寧省ではさらに大きな夢を膨らませている。「渤海湾海峡通路建設構想」だ。

地図上で渤海湾は大きなC字型をしている。遼東半島の先端にある大連と山東半島の尖《とが》った先にある煙台《えんたい》は距離的には近いにもかかわらず、海を隔てているために往来が非常に不便である。中国の北方地区で改革・開放がもっとも進んでいるこの2地区は最近、渤海湾海峡通路を建設する構想を中央政府に提出した。

その構想とは、海峡間に小島が多いことを利用して東西2本の越海交通通路、つまり煙台～大連間のフェリー航路と蓬萊《ほうらい》～長島～旅順《りょじゅん》の自動車・列車共用トンネルをつくり、同時にトンネル建設にあわせて総延長2500キロにおよぶ環渤海湾高速道路を建設しよう、という壮大な計画である。

完成すれば、環渤海湾のC字型交通がI型へとかわり、東北地区と華東、華南沿海地域の各都市との距離が500～800キロも短縮され、年間運輸費用だけでも百数億元が節約できるという。

この越海交通通路が完成されれば、21世紀の環渤海湾地域は世界でもっとも注目される投資地域の一つになり、煙台と大連は資金がもっとも集中する都市になるだろうと関係者はいまから算盤《そろばん》を弾《はじ》いている。しかし、あまりにも大規模な工事であるため、現在のところ中央政府の結論はまだ出ていない。

吉林《きつりん》省

——ＷＴＯの嵐《あらし》に立ち向かう中国のデトロイト

黒竜江《こくりゅうこう》省や遼寧《りょうねい》省と合わせて東北地区とも東北三省とも呼ばれる吉林省は長い間、中国の工業基地であった。重工業、なかでも自動車製造業が特に発達しており、中国のデトロイトとでもいうべき地域である。中国最大の鉄道車両工場や、モノレール車両の大手である長春車両工場も同省にある。発電所が多く、化学工業も発達しており、省都の長春市は国営大中型企業が最も多い都市の一つである。

中国第一自動車製造集団公司は、長春第一自動車製造廠《しょう》を中心とする中国最大の自動車生産基地として知られる。傘下《さんか》には１００社以上の自動車関連企業があり、大・中・小型トラック、マイクロバス、乗用車、大型バスという6系列５５０種以上の車を製造している。製造台数は中国全土の製造数の25%を占めている。現在、年間１００万台を目標に、生産規模拡大に努めている。

周辺には関連企業や傘下企業が多数あり、町自体も完全に第一自動車の企業城下町の観を呈している。

ちなみに、第一自動車の前身は1953年旧ソ連の技術援助のもとで建設された中国最初の自動車製造工場で、長春は新中国の自動車発祥の地でもある。政府要人専用の高級乗用車「紅旗《こうき》」の製造メーカーとしても広く知られている。

長い間、第一自動車は台数の少ない「紅旗」を除いて、「解放」ブランドの4トントラックしか製造していなかったが、1980年代後半からドイツの大手自動車メーカー・フォルクスワーゲンの技術協力を得て、近代的な自動車メーカーへの脱皮をめざしている。

1994年7月、中国政府は自動車を基幹産業の一つとした新政策を発表し、乗用車振興に力をそそぐ方針を提示した。同時に、2000年には大型、商用車、乗用車あわせて国内生産300万台体制をつくり、さらに21世紀初頭には全国に100社以上ある乗用車組立メーカーを輸出競争力をもつ数グループに集約するという方針を掲げた。なかでも自動車メーカーの老舗《しにせ》ともいうべき長春第一自動車製造廠《しょう》に対する期待は大きかった。

しかし、この期待は外れた。第一自動車は500億元の資産を擁し、海外にもいくつかの自動車組立工場をもつ巨大なグループに成長したが、2001年現在、中国の自動車産業はいまだ製品を大量に海外に輸出できるほどには成長していない。むしろ、中国

のWTO加盟で空前の危機に直面している。ずっと以前から中国国内市場進出の機会を狙《ねら》っていた外国の大手自動車メーカーがそれを最大のビジネスチャンスとして、一気に中国市場に殴り込みをかけようとしているからだ。

第一自動車も積極的な防衛作戦に出ている。2000年7月、新車「紅旗世紀スター」の発売を開始した。外国の模造車ではなく、みずからの力で設計した高級乗用車を市場に投入したのである。このニュースは中国国内で広く注目されているが、世界の自動車業界にはほとんど影響を及ぼしていないようだ。

結論から言えば、中国の自動車産業はまだ完全には基幹産業に成長していない状態のまま、巨大な外資系の自動車メーカーとの市場争奪戦を強いられることになり、存続の危機にさらされている。自動車産業に依存する町であるだけに、WTOによるショックも大きい。

そのうえ、国有企業が集中する東北三省は、効率と市場原理を重んじる市場経済の嵐のなかで敗色が濃厚だ。多くの企業は生き残るために労働者を帰休させたり、リストラしたり、徹底した人員削減作戦を展開している。リストラ労働者は中国では「下崗《かこう》労働者」と呼ばれ、仕事を懸命に探す彼らが都市部を彷徨《さまよ》う姿は、いまや東北三省の多くの都市で見られる光景となった。

長春市の中心部には、夜になると屋台が集まり賑《にぎ》わいを見せている一角がある。屋台の経営者はほとんど例外なくリストラされた国有企業の労働者たちだ。そこから少し離れた通りでは、昼間多くの下崗労働者が立っている。彼らは仕事を求める札を手に持ち、通り過ぎる人々に縋《すが》るような眼差《まなざ》しを向けている。

赤字の国有企業の相次ぐ倒産と容赦ないリストラによって、吉林省のどの都市もどことなく寂しい様相を呈している。しかし、改革・開放をさらに進め、市場経済の原理を定着させるためにはこれを乗り越えなければならない。言い換えれば、新経済体制の誕生を迎えるための陣痛だと受け止めるしかない。

こうした厳しい情勢のもとで、吉林省は近年国境貿易に力を入れている。国境地帯に位置するほかの省や自治区は例外なく国境貿易で潤《うるお》っている。同省は朝鮮民主主義人民共和国（北朝鮮）と隣接しており、国境貿易に熱い期待をかけている。

同省は、東部はロシアに接し、東南部は図們江《ともんこう》と鴨緑江《おうりょっこう》を隔てて北朝鮮に臨む。国境の町である琿春《こんしゅん》は日本海まで15キロ、ロシアのポシエット湾まで4キロのところにある。図們江から日本海に到《いた》るルートが中国では日本に通じる最短の海上ルートである。交通は非常に便利だ。

同省の中部は松遼《しょうりょう》平野で、緑地がどこまでも続き、中国の重要な穀倉地域の一つでもある。輸出用トウモロコシの生産地として注目を浴びている。近年、北朝鮮が深刻な食糧危機に見舞われていることもあって、同省は北朝鮮に農産品を輸出する重要な基地となっている。最近、北朝鮮の経済事情の改善により、北朝鮮への輸出品目も種類も増え、国境貿易が同省経済に占めるウエイトも次第に大きくなってきた。

吉林省には朝鮮族がもっとも多く居住する地域である延辺《えんぺん》朝鮮族自治州がある。1952年に設立され、面積4万3〇〇〇平方キロ、延吉《えんきつ》、図們、敦化《とんか》、竜井《りゅうせい》、琿春の5市と和竜《わりゅう》、安図《あんと》、汪清《おうせい》の3県を管轄《かんかつ》する。自治州政府は延吉市にある。朝鮮族はもともと朝鮮に住んでいたが、1860年から70年にかけて朝鮮北部で大凶作に見舞われ、国境地帯に住む多くの朝鮮人が吉林を中心に中国へと移住し、少数民族を形成したのである。

北朝鮮や韓国に親戚《しんせき》をもつ者も多く、北朝鮮の鎖国政策が緩和されるのをうけて、親族訪問なども頻繁におこなわれるようになった。現在、全国の朝鮮族の6割以上は自治州をはじめ同省各地に居住しており、人口100万人以上の規模である。自治州の存在も北朝鮮との国境貿易を盛んにした重要な要因の一つである。

国有企業の倒産などで苦しんでいる吉林省は北朝鮮との国境貿易には飽き足らず、より大きな夢を見ていた。中国、北朝鮮、ロシア三国の国境を流れる図們江下流域は、冷戦の終結によってその地理的な好条件が注目され、90年代にはいってから国連開発計画（UNDP）の呼びかけで図們江デルタ開発計画が動きだしたのだ。

これは今後20年間でこの地域に300億ドルの巨大な資金を投入して自由貿易地帯をつくり、周辺地域の経済を活性化させるという計画である。東北アジア経済圏の目玉にもなるこの大規模な開発プロジェクトに日本も興味を示していた。

開発の順序としては、まず吉林省延辺朝鮮族自治州・琿春市、ロシアのポシエット、北朝鮮の羅津《ナジン》・先鋒《ソンボン》を結ぶ約1000平方キロの「小三角地帯」を開発し、条件が整ってから延辺朝鮮族自治州首府所在地の延吉市、ロシアのウラジオストク、北朝鮮の清津《チョンジン》を結ぶ1万平方キロにおよぶ「大三角地帯」へと拡大するという段取りだった。

吉林省側は「開辺通海プロジェクト」と称する経済発展戦略を制定し、拠点の琿春市に辺境経済合作区を設立したり、ロシアのザルビノ港に到る鉄道路線を敷設《ふせつ》するなどして同計画の実現に向けて積極的な対応を行った。琿春市内にも新しいビルがどんどん建設され、町の景観も急速に変貌《へんぼう》した。日本、韓国の投資視察団も一時、頻繁に同地を訪れていた。

しかし、ロシアや北朝鮮側の温度差や条件などの問題もあって、何よりもアジア金融危機の嵐《あらし》のなかで、この計画はいつの間にか立ち消えてしまったようだ。最近、吉林省もこの話題には触れようとしない。

「東北の三宝」といわれる薬用人参《にんじん》、ミンク、鹿茸《ろくじょう》のふるさとである吉林省にとっては、経済の新しい活路を見出《みいだ》すために苦悩の日々が続いている。

長春市はこのところあまり輝いてはいないが、それでも他に追随を許さない部分もある。同市は〝緑の町〟として有名で、中国一といわれる人工林も市内にある。さらには中国国内有数の学術研究都市でもある。吉林大学をはじめとする30の大学、国立光学研究所など100近くの研究機関が設けられている。市の南西部にある長春映画製作所は、中国最大の撮影所である。

吉林省はまた、多くの日本人にとって馴染《なじ》みの深い土地でもある。

　1932年、日本の傀儡《かいらい》政権「満州国」の誕生にともない、省都の長春市は首都「新京」とされ、日本による東北地区支配の拠点となった。

「満州国」政府は「王道楽土」とされ、日本・満州・漢・蒙古《もうこ》・朝鮮民族による「五族協和」をうたっていたが、実質は日本による植民地支配そのものであった。政府の構成も表面上は立法・行政・司法・監察の四権分立としたが、強い権限をもつ国務院の総務長官には日本人を任命し、その任免権は関東軍司令官にあった。

　かつて日本が事実上支配した東北には、多くの日本企業が進出した。満州国が成立後、東北に地盤をつくった日本企業は全盛時代をむかえ、東北の戦略物資を日本国内に大量に運び、太平洋戦争を支えた。そのなかで、「満鉄」という略称で知られる南満州鉄道株式会社と満州重工業開発株式会社はとくに有名であった。

　1905年、日本は帝政ロシアが支配していた東清《とうしん》鉄道の南部区間（長春～大連）の支配権を入手したのち、翌年、南満州鉄道株式会社をスタートさせた。同社は鉄道以外に撫順《ぶじゅん》炭坑や水運、埠頭《ふとう》、倉庫、製鉄、発電、ガス、農場なども手広く経営していた。本社は大連に置いていたが、東京には支社を、瀋陽《しんよう》、吉林、哈爾浜《ハルピン》、北京《ペキン》、上海《シャンハイ》にも事務所を構えるなどして中国全土への展開をはかっていた。34年に中国とソ連が共同経営する中東鉄道もその支配下に置き、37年以降、日本政府の意向で重工業部門を満州重工業開発株式会社に移管させた。満州重工業開発株式会社は鉄鋼と石炭の生産を強化すると同時に、自動車、重機、飛行機など製造業にも力を入れた。これらの企業は中国の資源を略奪したばかりではなく、敗戦直前に生産工場の多くを破壊したと中国側では指摘・非難している。

1945年、日本の敗戦により満州国は開国後わずか13年で崩壊することとなった。歪《ゆが》んだ時代の面影はいまでも長春市に残っている。

満州国の皇居、満州国国務院、旧関東軍司令部、満州国中央銀行などの建築物は現在、同省の重点保護文化財に指定されている。現在の吉林省博物館は「偽皇宮」とも呼ばれ、当時の満州国の皇居であった。中国共産党吉林省委員会は旧関東軍司令部、吉林省鉄道局は旧満鉄本社ビルであった。かつての歓楽街であった吉野《よしの》町はいまはにぎわう商店街・長江路へとかわった。

黒竜江省《こくりゅうこうしょう》

――ロシアと平和共存の道を歩む

中国とロシアの間には、数千キロにもおよぶ長い国境線が走っている。そのうちの半分以上が黒竜江省内にある。

地勢をみると、大興安嶺《だいこうあんれい》が走る西北部、小興安嶺が位置する北部、完達《かんだつ》山脈がのびる東南部は標高が高く、東北部と西南部が低い。また、松嫩《しょうどん》平原、三江《さんこう》平原、興凱湖《こうがいこ》平原という三大平野があり、黒竜江、松花江、烏蘇里江（ウスリー川）、綏芬河《すいふんが》など河川が多い。さらには火山の爆発でできた興凱湖、天然のダムともいわれている鏡泊湖《きょうはくこ》、１７２０年に老黒山など14の火山の噴火で形成された五大連池などの湖がある。中国のシベリアともいわれるほど冬は長くて寒い。黒竜江の年間平均凍結日数は１６４日にもおよび、年間降水量は３００～８００ミリである。

しかし、豊かな土地と資源、そして対ロシア交流の最前線という点で、同省の戦略的な地位は昔から高く評価されていた。そのため、19世紀後半、極東に野心を燃やしたロ

シアは清《しん》王朝から黒竜江省を含む東北地域に鉄道を敷く権利を手にし、積極的に進出した。

　このような背景のもとで、ロシア人やユダヤ人の移住が増え、省都の哈爾浜《ハルピン》市にはロシア人街が建設された。後にリトル・モスクワという異称をもつほど、同市にはロシア風の建築物がめだち、ロシア統治時代の面影を残している。

　ロシア統治時代の名残で、哈爾浜市内にはボルシチなどロシア料理を供するレストランもある。枕《まくら》ほどもある大きなパンも根強い人気がある。日常用語のなかにもロシア語から来た言葉が多く、いまでも広く使われている。ロシアの文化が色濃く同省住民の日常に染《し》み込んでいるといっても過言ではない。

松花江《しょうかこう》を隔てて哈爾浜市街区をのぞむ太陽島は、かつてロシア人の別荘地であったが、いまでは有名観光地へと変わり、「松花江の真珠」とうたわれるほどに人気が高い。

1910年代頃の哈爾浜には、ロシア以外にも英国、フランス、ドイツなど二十数カ国の領事館があり、中国の北方地方では西側文化の影響をもっとも受けていた都市である。また、哈爾浜市はオーケストラが中国に広まった発祥の地でもあり、音楽の町という一面も持ち合わせている。1961年から続けられてきたコンサート〝哈爾浜の夏〟は中国ではよく知られたコンサートの一つである。

帝政ロシアが敷設《ふせつ》した鉄道は、当時は中東鉄道と呼ばれ、満洲里〜哈爾浜〜綏芬河〜大連を結ぶ。東清鉄道、東省鉄道ともいう。日露戦争後、敗戦した帝政ロシアは長春以南の鉄道区間の支配・経営権を日本に手渡した。1917年、ロシアで十月革命がおこり社会主義政権が誕生したのち、長春以北の路線は中国と旧ソ連の共同運営にかわり、長春鉄道と名を改められた。全線が中国所有となったのは1952年である。

このような歴史的背景もあって、同省は中国で鉄道がもっとも発達している省となり、哈爾浜、斉斉哈爾《チチハル》、牡丹江《ぼたんこう》、佳木斯《チャムス》は省内の鉄道網の四大中心点である。いまでも満洲里を経由する鉄道は中国とロシアの貿易に欠かせない存在であるばかりか、ヨーロッパまでつながる重大な戦略的意義をもつ重要な交通動脈でもある。

黒竜江の畔《ほとり》で暮らしを営む庶民の多くは、中ソ蜜月《みつげつ》時代の1950年代に国境の川・黒竜江（ロシア名はアムール川）やウスリー川を渡ってロシア人と頻繁に民間交流をしていた。いまでも旧ソ連の若い女性とともに楽しんだ青春の一夜を懐《なつ》かしむ老人がいる。

しかし、50年代の後半から、中ソ間のイデオロギーによる論争が表面化し、60年代には、国境地帯で中・ソの軍隊がにらみあう事態に突入し、その代表例として69年3月には、黒竜江省で国境となっているウスリー川の中州、珍宝島（ロシア名はダマンスキー島）で軍事衝突が発生した。

当時、中国は文化大革命の最中《さなか》にあり、旧ソ連を激しく批判していた。「珍宝島事件」発生後、中国側は、旧ソ連がマルクス主義を修正主義から覇権主義に転換した印としてこの事件を受け止め、旧ソ連に対する批判は覇権主義との戦いでもあると捉《とら》えて、中ソ関係は冬の時代に入った。

1969年9月に中ソ両国首相会談が開催され、ひとまず武力衝突は回避された。しかし冷却関係は長く続き、86年のソ連共産党ゴルバチョフ書記長によるウラジオストク演説でようやく国境問題は好転しはじめた。90年代に入ってからは、中ロ間で相次いで国境協定が調印され、両国の関係も大きく好転した。90年代後半には、中国はロシアから戦闘機やミサイルなど先進的な兵器供与を受け、中ロ関係は互いに戦略的なパートナー関係を結ぶまでに改善された。

中ロ関係の改善は直ちに黒竜江省の経済に反映された。ロシアをはじめとする外国との交流を強化するために、同省は積極的に貿易港などを開放した。水運関係の貿易港は哈爾浜、佳木斯、富錦《ふきん》、同江《どうこう》、黒河《こくが》、遜克《そんこく》、撫遠《ぶえん》など十数カ所にのぼり、ロシアに近くて交通が比較的に便利な都市や主要な町はほとんど開放されたといってもよい。冬になると、国境河川にもなっている黒竜江とウスリー川は全面凍結して1メートル近くもの氷層ができ、荷物を満載したトラックが川を走る光景がよくみられる。こうした努力もあって、国境貿易額は大幅な伸びをみせている。

黒竜江（アムール川）を挟んでロシアのブラゴベシチェンスクと向きあう国境の都市・黒河市は、対ロシア貿易の最大の窓口になっている。最近、同市を対ロシア貿易の空の玄関とするために、空港拡張工事も進められている。自動車道もまた突貫工事で建設が進む。

省の最南端に位置するロシアとの国境の町・綏芬河も、小さな町ながら、町を通る鉄道によってロシアのウラジオストクやナホトカとつながっていて、町にはロシアの商人が出入りしている。

国境貿易の隆盛とともに、ロシアへの観光需要も急速に増した。ロシア観光は同省のどの国境の町でも大はやりである。こうした需要に対応するため、主要関門の綏芬河や東寧《とうねい》では2000年に、出入国手続きのできる時間を8時間から12時間へと延長したほどである。

同省の海外交流史を語るときに、日本との関わりを避けては通れない。1931年から、領土拡張を目指す日本の攻撃を受け、同省は遼寧《りようねい》省や吉林《きつりん》省とともに日本の占領下に置かれた。後には、映画「ラスト・エンペラー」の主人公にもなった清の最後の皇帝・溥儀《ふぎ》を傀儡《かいらい》指導者とした「満州帝国」の一部となった。

満州国時代に多くの日本人が満蒙《まんもう》開拓団の一員として同省に渡り、三江平原周辺を中心に定住しはじめた。しかし敗戦によって偽満州国が倒れ、敗走する関東軍の後を追うかのように開拓団の日本人もまた同省を裸同然で逃げだし、満蒙開拓ははかない夢となって打ち砕かれた。

当時、中国に取り残されたり捨てられた日本人の子供と、逃げ遅れて中国に残らざるを得なかった日本人の女性は、のちに残留孤児または残留婦人と呼ばれて日本を揺さぶる大問題となり、戦後五十年が過ぎた現在でも日本への帰国定住など多くの問題がまだ完全には解決していない。同省の近代史はまさに日本をぬきには語り尽くせないと考えてもよい。

黒竜江省は外国との交流や衝突の歴史が長いだけに、奥地に位置しながらもどことなくオープンなところがある。言論統制がもっとも厳しかった文化大革命中でも、上海《シャンハイ》や北京《ペキン》と比べると自由な気風が残っていた。

しかし、改革・開放時代に入ると逆に遅れがめだつようになり、赤字の国有企業の相次ぐ倒産やリストラ労働者のデモ抗議、治安事情の悪化など問題が多発した。

ロシアやモンゴルとの国境貿易や観光客の誘致などを懸命におこない、すこしでも劣勢を挽回《ばんかい》しようとしているが、ロシアの経済低迷が続いており、ルーブルのレートも不安定な状況のもとでは、国境貿易にも限界がある。

中華人民共和国建国後、同省では多くの国有農場が作られ、機械化が進んだ大規模な農業経営を試みた。

同省の農業を語るには、「北大荒《ペイターホアン》」というキーワードが欠かせない。これは三江平原を中心とする黒竜江開墾区を指す俗称である。三江平原は黒竜江、松花江、ウスリー川から運ばれた土砂が堆積《たいせき》して形成された平野で、世界三大黒土地帯の一つである。区内は河川が縦横に走り、沼地も多く、森が生い茂り、国際湿地保護リストに登録されている。

かつては日本の開拓団もこの平野に侵入し、荒野の開拓を試みた。１９５０年代から、食糧問題を解決するため、中国政府は全国各地から十数万人の退役軍人と都市青年を動員して荒野の開墾にあたらせた。文化大革命時代、三江平原を中心に多くの国営農場が準軍事化の黒竜江生産建設兵団として設立され、北京、上海、天津《てんしん》、哈爾浜など多くの都市から数十万人の青年がここに強制移住させられたこともあった。

大規模な開墾によって、200万ヘクタールにのぼる湿地が農地となり、中国で最も機械化レベルの高い食糧生産基地を作り上げた。かつての荒野はいまや北方の穀倉地帯となった。1999年には、穀物生産量は900万トンという史上最高記録を樹立した。

しかし、たいへんな代価も支払うこととなった。森林の伐採と湿地のむやみな開墾によって、肥沃《ひよく》な土地が急速に退化し、自然破壊も目を覆《おお》うほど深刻である。専門家は「あと50年で、黒土地帯はなくなってしまう」と警告した。

事態の深刻さにようやく気付いた同省と中央政府は2001年から、半世紀の間続けられてきた荒地開墾の全面停止を決定した。現存する約1000万ヘクタールの湿地を保護し、3年以内に農地に適さない耕地18万ヘクタールを林地に戻すとともに、自然保護区の設立、人工造林などの措置を通じて、地元の生態環境を回復させようとする措置である。

このことは、荒地開墾による食糧の増産という伝統的なやり方に別れを告げたことを意味する。21世紀初めには年間生産量1000万トンという目標を実現するため、「北大荒」は今後農産物の品質と単位面積当たりの収穫量の向上に重点を置くことに方向転換した。辺境の地とされる黒竜江省も、経済、環境と生態をバランスよく考えた持続的な発展を目指す新たな段階に入ったと言えよう。

同省は重工業をはじめ工業化も比較的進んだ省である。

1960年に開発がはじまった大慶《だいけい》油田は、93年まで中国の石油生産量の5分の2を担《にな》ってきた。80年代、鄧小平《とうしょうへい》の改革・開放路線が定着するまで、自力更生の精神的象徴として高く評価されていた。哈爾浜市は「動力の里」と呼ばれるほど、発電設備関連の生産メーカーが集中している。

しかし、市場経済が中国の隅々に浸透したいま、赤字の大手国有企業が多い同省では、躍進する沿海地方に比べて相対的にランクが下がり、再起を図っている。

上海《シャンハイ》市

——１９３０年代の輝きを取り戻そうとする

　ここ数年、上海で一冊の本が静かなブームとなっている。女流作家、陳丹燕《ちんたんえん》の『上海の雪月花』だ。

　１９３０年代の上海は、「東洋のパリ」「魔都」などと呼ばれていた。当時の上海はアジアで一際《ひときわ》輝いており、モダンの先陣を切っているという意味では、まさにパリのような存在を誇った。また一方で「魔都」という呼び名のとおり、魅惑的あるいは堕落的な一面も持ち合わせていた。多くの人々がこの上海を舞台に波瀾《はらん》万丈の人生を送った。

　著者は本のなかで、異様なほどの輝きを放っていたオールド上海や、当時の主役たちの数奇な運命を描いたばかりでなく、伝統と文化の破壊によって失われた当時の輝きを取り戻そうとする現代の上海っ子の姿にも温かい眼差《まなざ》しを注いでいる。

　かつてのフランス租界で、現在でも高級住宅地として知られる岳陽路《がくようろ》や上海音楽学院周辺はヨーロッパ調の建築が集中しており、中国離れした情調を醸《かも》し出している。これらの建築物は里弄《リーロン》と呼ばれる横町を形成している。赤い煉瓦《れんが》の二階もしくは三階建てのマンションが整然と建ち並び、ヨーロッパ文化の香りをいまでも漂わせる旧フランス租界の静安区や徐匯《じょわい》区の里弄。青い煉瓦と白亜の壁がシックで江南らしい雰囲気の黄浦《こうほ》区のマンション。抗日戦争中、旧日本軍の爆撃で焼き払われた閘北《こうほく》区や虹口《ホンキュー》区に行くと、掘建小屋が密集するスラム街同然の里弄もいまだに残っている。一方、旧日本租界のなかで高級住宅地とされた虹口区山陰路あたりへ行くと、ふすまや障子の名残をとどめた和風マンションで構成される里弄も健在である。

旧租界時代が残したこの思いがけない文化遺産に、商売上手な上海っ子が目をつけた。旧租界の建物を復旧し、内装も1930年代調にしたうえでレトロ風のレストランとして開店し、人々の心の奥に潜むある種の郷愁を煽《あお》り立てて、それをビジネスチャンスにしたのである。「席家花園《せきかかえん》」「丁香花園《ていかかえん》」などがその代表例である。いずれもかつては名の知られた資産家の私邸だったが、いまや高級レストランとなって、30年代の流行歌と美味《おい》しい上海料理を楽しませてくれる。

最近、街を散策すると、オールド上海を謳歌《おうか》するようなこの種の光景によく出会う。どうやら上海人の意識の奥深いところに眠っていた誇りが急速に甦《よみがえ》ってきたようだ。

もちろん、〝復古潮〟ことレトロブームは旧租界のヨーロッパ文化に限ったものでは

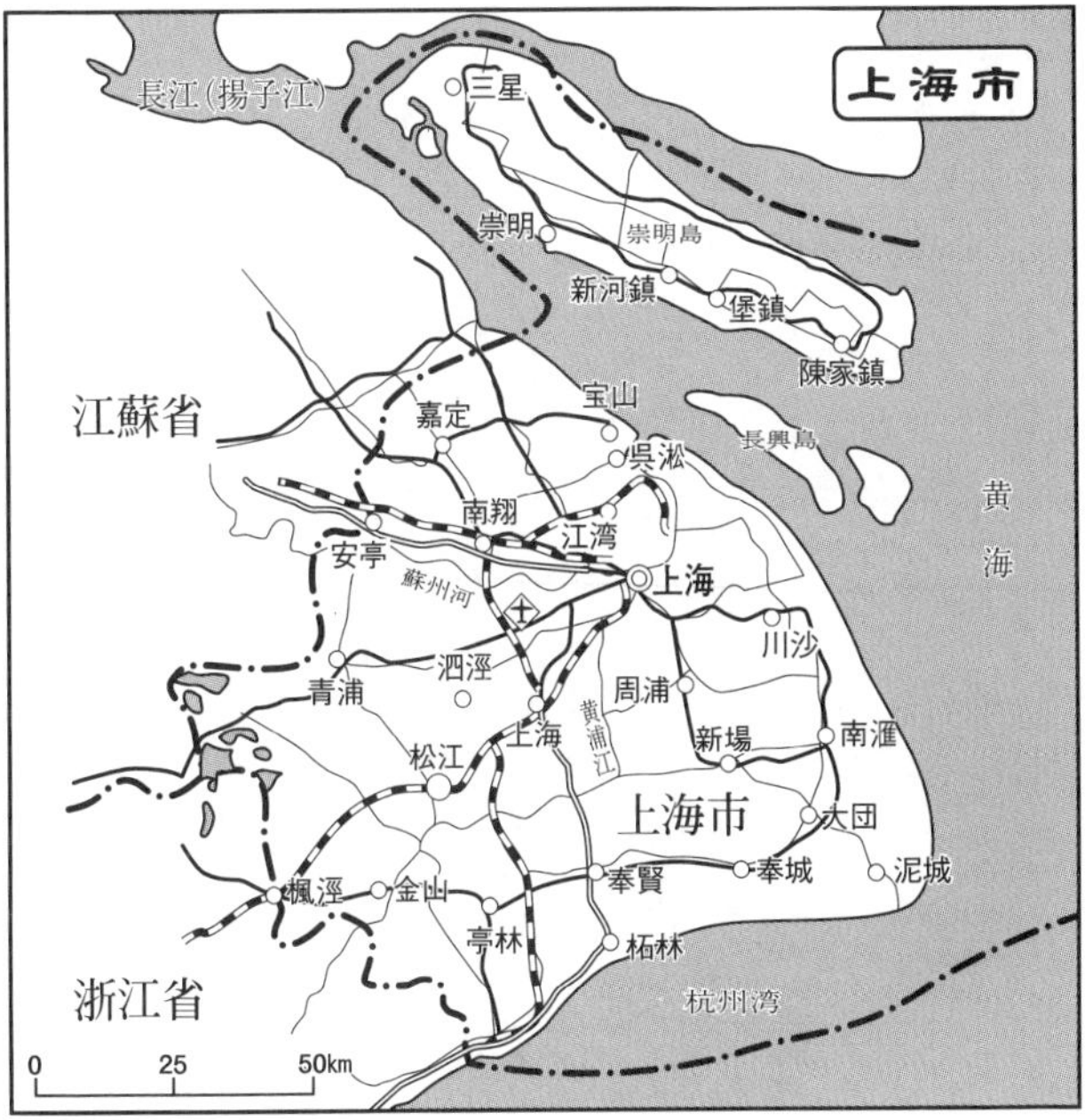

ない。上海の浅草とも形容される豫園《よえん》一角は、上海っ子に〝老城隍廟《ろうじょうこうびょう》〟と呼ばれ、オールド上海時代には有名な繁華街だった。方浜中路の約1キロ区域内では、再開発によってかつての栄華を甦らせている。西側の区域には明《みん》・清《しん》様式の建築が軒を連ね、東側の区域には30年代の街が再現されている。

方浜中路を東へと進むと、小東門に辿《たど》り着く。このあたりはかつて茶楼が集中する区域だった。老舗《しにせ》の茶楼の入り口には、いまとなってはなかなか目にすることができない〝老虎竈《ろうこそう》〟という竈が鎮座している。木造の階段を上がっていくと、〝布衫《ふさん》〟という昔風の上着を羽織ったボーイ〝茶楼伙計〟が注文を聞きに来る。古き良き時代を思わせる〝八仙卓〟という四角いテーブルの周りには、〝長条櫈〟という背もたれのない素朴な木製の二人掛け椅子《いす》が置かれている。

漁村からマンモス都市へと変化を遂げた上海らしく、竹や網、紅提灯《あかちょうちん》などを巧みに使った田舎風の飾りつけで道行く人々を惹《ひ》きつけるレストランも現れた。夕闇《ゆうやみ》があたりを包み、イルミネーションが灯《とも》りはじめると、店の内と外はにわかに沸き立ち、人波は途切れることがない。大都会の繁華街と田舎の素朴さを売り物にするたくましい商魂だ。ヨーロッパ文化の薫りを思わせる30年代の情調に江南の農家の素朴さ……、自分自身を取り戻した上海は活気に溢《あふ》れている。

近代化一辺倒からレトロ再認識への心情的変化を感じさせるこの種の開発を、上海では〝保護性開発〟と呼ぶ。上海特有の文化的、商業的特色を際立《きわだ》たせるための開発という意味である。心憎いことに、その〝保護性開発〟の舞台に、えも言われぬ優雅さと開放感が漂うオープンカフェまでが登場した。

これを単なる古き良き時代への郷愁と受け止めるのは大間違いだ。むしろ、いまの上海は30年代の輝きを裏付ける経済センターや金融センターといった経済的地位を取り戻すために、すべてを動員していると言っていいだろう。

高層ビルが建ち並ぶ浦東地区

上海の表玄関にあたる外灘《がいたん》とは、北は蘇州河から南は金陵東路《きんりょうとうろ》、東は中山一路《ちゅうざんいちろ》から西は河南中路《かなんちゅうろ》までの約1キロ四方の区域を指す。30年代には各国の銀行や証券会社が軒を連ね、「東洋のウォール街」と呼ばれる一大国際金融街であった。かつての黄金時代を呼び戻すため、上海は外国金融機関の誘致に全力を注いでいる。その一例として、外灘にあった共産党委員会と市政府の建物を外国の金融機関にリースするという徹底ぶりである。

現在、上海にはすでに数多くの外国金融機関が事務所や支店を構えている。営業を認められている外国金融機関も数十社にのぼり、そのうち日本勢が圧倒的な力をみせている。外灘では「花旗銀行（シティバンク）」など外国銀行の看板がめだつ。外資導入のさらなる拡大を促進すると同時に、2010年までに外国の金融機関を300行誘致し、オフショア市場の設立など国際金融センターとしての機能も強化する。2010年には、域内総生産（GDP）を2400億ドル台にし、シンガポールと肩を並べることを目標にしている。

この目標を実現するには、受け皿としての外灘は面積が狭すぎる。いや、旧市街地自体も新しい飛躍の舞台にしては狭すぎる。そこで新たな地域の開発計画が進行中である。旧市街区の浦西《ほせい》に対し、黄浦江の向こう側は浦東《ほとう》と呼ばれている。栄えていた浦西とは反対に、広大な土地のある浦東は長いこと開発が立ち遅れていた。90年から改革・開放の新しいステップとして浦東開発がはじまった。中央政府は浦東を90年代の中国対外開放の重点地域に指定し、アジアの国際金融センターを目指して浦東開発を加速させた。現在、四つの重点開発区が設けられている。金橋輸出加工区、陸家嘴《りくかし》金融貿易区、外高橋保税区、張江ハイテク区である。

黄浦江を挟んで、外灘の真向かいにあるのが浦東の陸家嘴地区だ。そこには新しい金融センターが日を追うごとにその容貌《ようぼう》を見せはじめている。現在、中国系の各大手銀行がすでに支店を設けており、浦西から引っ越してきた上海証券取引所の新社屋は東京証券取引所よりも規模が大きい。

開発の完成時には、陸家嘴金融貿易区内に100社以上の中国系・外資系金融機関、

上海浦東テレビ塔

３０００社にのぼる大手企業がオフィスを構えることになる。２０１０年頃には、ここで働く金融関係従業員数だけでも15万にのぼると見込まれている。

　浦東開発を支え、市街区と浦東新区との交通アクセスをよくするため、近年、楊浦《ようほ》大橋《だいきょう》、南浦大橋、浦東の南北を貫く幹線・楊高路《ようこうろ》の拡張、内環状線の浦東区間の建設、外高橋新港湾、大規模なガス工場、発電所、水道工場、汚水処理場の新設などのインフラ整備が急速に進んでいる。国際経済都市としての地位を固めるために、浦東に３０００メートル級の滑走路を備える浦東新空港も建設された。

「東方明珠」と呼ばれる上海浦東テレビ塔は高さ４６０メートル、アジアでは一番、世界では三番目に高いテレビ塔だ。９４年に完成したこの塔には二つの大きな球体と五つの小さい球体があり、下の大球体は娯楽施設、上の球体はテレビ電波送信用の機械室や600人を収容できる展望階と400人が同時に利用できる回転式スカイラウンジとなっている。さらに塔の下に球体のコンベンションセンターが新築された。唐の時代の詩人、白居易《はくきょい》の詩「大珠小珠落玉盤」をイメージしたこれらの建築群は、躍進する上海の新しい象徴となっている。

一般的に、政治の北京《ペキン》に対し、経済の上海といわれるが、政治の最前線を突っ走ることも稀《まれ》ではない。上海は文化大革命の幕が切って落とされた地であり、後に「上海組」と呼ばれた毛沢東《もうたくとう》夫人江青《こうせい》らの四人組もこの上海を舞台にした。現在は、江沢民《こうたくみん》国家主席兼共産党総書記、朱鎔基《しゅようき》首相をはじめ、政府や党のトップ指導陣にも上海を登竜門とした大物政治家が多く、その活躍が注目されている。

鉄道の計画として浦東空港と市内を結ぶリニアモーターカーの線路工事がすでに着工され、2003年の完成をめざしている。北京との間に新幹線建設プロジェクトがまもなくスタートする。工業の分野ではドイツの自動車メーカーとの合弁企業、サンタナを生産する上海フォルクスワーゲン社が現在のところ中国最大の乗用車生産メーカーだ。アメリカのフォードも自動車生産をスタートさせた。日本の新日鉄などの協力のもとに建設された近代的な大型製鉄所「宝山鋼鉄廠」は、中国最大規模の鉄鋼生産基地であり、近代化を象徴する大プロジェクトでもある。ここはまた、山崎豊子著のベストセラー

『大地の子』（文春文庫）の舞台ともなった。

上海は中国最大の工業基地、最大の港湾であると同時に、貿易、科学技術、金融、情報などの分野においての中心的な存在でもある。21世紀に向かって、アジアの金融センター及び貿易センターの建設をめざしているが、インフラの整備やハイテク産業の発展に欠かせない人材の育成など、なお取り組むべき難題も多い。かつての栄光を果たして取り戻せるのかどうか、世界中から熱い視線が注がれている。

江蘇省《こうそ》

——台湾企業の新生産基地となりつつある

２００１年、台湾の「天下雑誌」に、移民先の人気度についてのアンケート調査の結果が掲載された。アメリカとカナダに代表される北米、オーストラリアとニュージーランドに次ぐ人気三位に躍り出たのがそれまで人気リストに上がったことのない中国本土だった。台湾独立派の論調の報道に片寄った日本のメディアの影響で、中国本土と台湾が依然緊張関係にあると考えている日本人にしてみればとうてい理解のできない現象だ。

実は「大陸で働こう」「大陸に移住しよう」というのが台湾で急速にブームとなりつつある。上海《シャンハイ》への移民に関するガイドブックがベストセラーとなり、上海の高級住宅区古北がすでに台湾人タウンの景観を呈している。しかし、中国大陸移住ブームの中身を分析してみると、ほとんどの日本人が知らないある地名が現れる。その一つは江蘇省の崑山《こんざん》市だ。

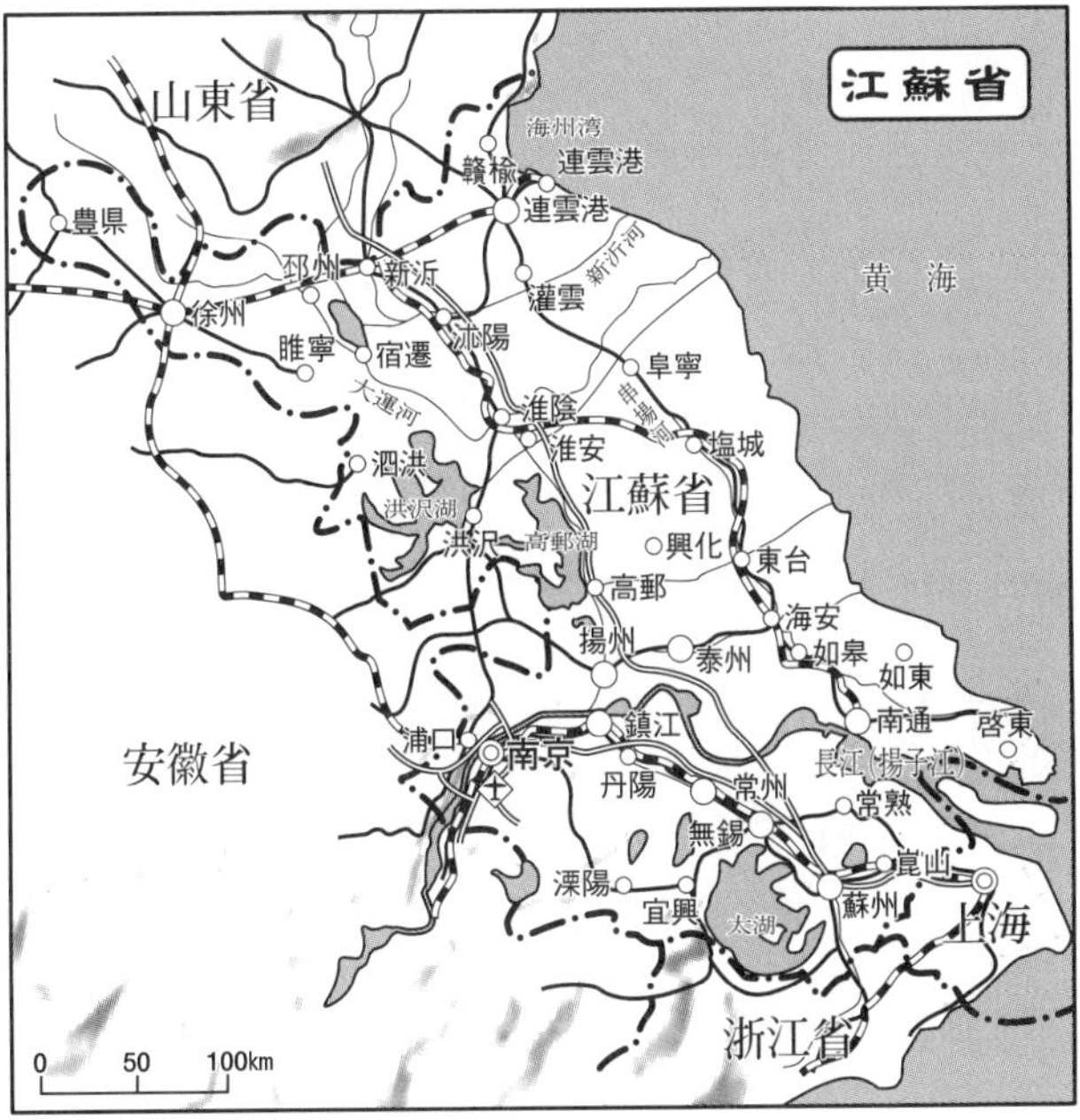

中国で経済がもっとも発達する長江デルタに位置する崑山は上海経済圏にある重要な新興都市で、面積865平方キロ、人口59万人。同市の位置する江蘇省南部は「蘇南」と呼ばれ、昔から中国でもっとも豊かなところだ。蘇南の代表的な都市蘇州と江蘇省と隣接している浙江《せっこう》省の省都杭州《こうしゅう》は「上有天堂、下有蘇杭（天上に極楽あり、地上に蘇州・杭州あり）」とたたえられている。同市はまさにこの「極楽」と譬《たと》えられる蘇州市に属する。

中国の行政構造では、省・直轄《ちょっかつ》市・自治区の下に省直属市、さらにその下に県、県レベルの市となっている。下に行けば行くほどその行政ランクが低い。市とは言え、こんなに低いランクにある崑山に、2001年春の時点で約1000社の台湾企業が投資している。平均して1平方キロ弱に1社という密度は、台湾企業がもっとも密集するといわれる広東《カントン》省の東莞《とうかん》を上回るほどである。台湾上位100社のうち46社が、ノートパソコンを製造する全8社のうち4社が、ここに生産工場を作った。2000年末の時点で、契約ベースでは50億ドル、実行ベースでは25億ドルの台湾資金が崑山に注ぎ込まれた。これは中国本土に注ぎ込まれた台湾の投資総額の1割に相当し、台湾と人的な関係が密接な福建《ふっけん》省全体への台湾投資額を上回った。中国で唯一《ゆいいつ》台湾投資協会を擁する県レベルの市となった。

台湾企業の密集度をはかるもう一つのパラメーターがある。投資に来た台湾ビジネスマンの子供たちに教育を提供する台商子弟学校があるかどうかだ。東莞の台商子弟学校の次に、本当の意味の台商子弟学校といえば、崑山花橋鎮にある華東台商子弟学校となる。2001年秋に正式開校の同校は、台湾人の校長をもち、台湾の教科書を使い、教師の多くも台湾から招かれる。政治舞台で繰り広げられる中台の激しい対立はここでは見られず、むしろ統一が予想以上に進んでいる印象を受ける。

崑山と言えば、多くの中国人は世界無形文化遺産に指定された伝統戯曲「崑曲《こんきょく》」を想起する。「崑曲」の発祥の地である。

崑山はいまや中国本土と台湾を結んだ経済舞台となり、政治ではとうていできない中国本土と台湾の新しい関係をつくる歴史的な一幕が開いたのである。

崑山にここまでスポットが当てられたのも偶然ではない。同市は中国最大の商業都市上海と悠久の歴史のある町蘇州との間にある地理の便を最大に活《い》かし、これまで中国で最初に国の資金に頼らず、みずからの努力で資金調達して国家級経済技術開発区を作ったり、二十四時間苦情処理などの行政サービスを提供したりして、きめ細かく投資環境を改善する努力をしてきた。これが崑山の魅力となって、台湾企業の集中投資という実を結んだのである。

崑山だけでなく、江蘇省全体、とく蘇南一帯はいまや中国でもっとも活気のある地域となっている。

長江と淮河《わいが》の下流にある同省は、蘇州、無錫《むしゃく》、常州《じょうしゅう》、南通《なんつう》、鎮江《ちんこう》、南京《ナンキン》の6市からなる蘇南と、徐州《じょしゅう》、淮陰《わいいん》、連雲港《れんうんこう》、塩城《えんじょう》、揚州《ようしゅう》の5市からなる蘇北に分けられる。長江、太湖《たいこ》、洪沢湖《こうたくこ》、陽澄湖《ようちょうこ》、駱馬湖、高郵湖《こうゆうこ》などをはじめ２９００あまりの川と３００の湖を擁し、水面面積が総面積の17%を占めるうえ、68%の土地が海抜45メートル以下の平野である。その水面面積が中国一ということで、「水郷の江蘇」と呼ばれている。

省都南京市は、２４００年以上の歴史をもつ都市で、三国時代の呉《ご》、東晋《とうしん》、宋《そう》、斉《せい》、梁《りょう》、陳《ちん》、五代時代の南唐《なんとう》、明《みん》、太平天国、中華民国が首都を置き、中国の六大古都の一つとして知られる。

南京から上海までの鉄道沿線は中国で有数の発達した工業ベルト地帯となり、1990年代に入ってからは、蘇州、無錫、常州、江陰《こういん》、武進《ぶしん》、常熟《じようじゆく》、呉江《ごこう》、張家港《ちようかこう》、呉県《ごけん》、崑山、太倉《たいそう》などの県（市）は「金持ち県」として知られ、そのGDPは北方の省都級大都市のそれを上回っている。

同省は台湾企業の投資を誘致するほかに、シンガポールとの提携にも力を入れている。インフラの整備に適した蘇州市東郊外では、シンガポールのリー・クアンユー前首相とゴー・チョクトン首相の積極的な支持により、20年にわたって総面積70平方キロのニュータウンの建設がすすめられ、その投資額は2兆円にも達する見通しである。ニュータウンには近代産業区、ハイテク技術区、加工生産区、それに学校、住宅、病院、ショッピングセンター、研究機関などが設置されている。

シンガポール政府と政府系企業ケッペルなどが65％の株式を保有する開発会社・シンガポール蘇州タウンシップ開発（SSTD）の国策的なプロジェクトで、ニュータウンの面積はシンガポールの国土面積の9分の1にも相当する広さである。地元では「小獅城」、つまり「ミニ・シンガポール」と呼ばれている。近くには金鶏湖《きんけいこ》があり、良質な水源が確保されている。鉄道の上海～寧波《ニンポー》線、国道312号線、上海～寧波高速道路、

周庄の水郷

常熟市滸浦港《こほ》や浙江省・杭州市に通じる自動車道もある。
　浙江省と同じように、悠久の歴史と恵まれた自然により観光名所が多く、中国の代表的な観光地でもある。唐詩や宋詞に謳《うた》われる秦淮河《しんわいが》、近代中国の建国の父といわれる孫文《そんぶん》の墓地がある中山陵《ちゆうざんりよう》、明の初代皇帝・朱元璋《しゆげんしよう》の明孝陵、鑑真和上《がんじんわじよう》がかつて住職をしていた大明寺、風光明媚《めいび》な痩西湖《そうせいこ》、「姑蘇《こそ》城外　寒山寺《かんざんじ》／夜半の鐘声　客船に到《いた》る」という唐詩人・張継《ちようけい》の詩で知られる寒山寺、臥薪嘗胆《がしんしようたん》という諺《ことわざ》を残した古代越《えつ》王《おう》・勾践《こうせん》を幽閉した場所と言い伝えられている霊岩山、蘇州で歴史がもっとも古い庭園とされる滄浪亭《そうろうてい》、元の時代の代表的な庭園として知られる獅子林《ししりん》、造園芸術の傑作といわれる拙政園《せつせいえん》、太湖、呉・越時代に生きた絶世の美女・西施《せいし》にまつわる美しい伝説をのこす蠡園《れいえん》、美女に化け人間との悲恋に命を捨てた白蛇の神話の舞台である金山、三国時代の劉備《りゅうび》が呉・孫権《そんけん》の妹との縁談がまとまった場所として語られてきた甘露寺のある北固山《ほくこさん》などが、人気の観光スポットである。

　同時に、長い間文化の発信地でもあった。水墨画が盛んで、清《しん》の時代に鄭板橋《ていはんきょう》ら「揚州八怪」と呼ばれる画家、文学者、現代は超一流とされる画家傅抱石《ふほうせき》、銭松岩、徐悲鴻《じょひこう》、劉海粟《りゅうかいぞく》を輩出した土地である。呉門画派、揚州画派、金陵画派など有名な流派を形成し、中国の絵画に大きな影響を及ぼした。現在も省内では15の画院があり、他の省・市・自治区の追随を許さない。崑山周辺で流行した崑劇は、京劇、越劇、粤劇《えつげき》とならぶ地方劇である。

　歴史に大きな足跡を残した人物も多い。

　日本の律宗開祖である鑑真（688～763）は唐の高僧、本籍揚州。揚州大明寺の住職だったとき、律宗に明るい高僧として唐を訪れた日本の学問僧に乞《こ》われて日本に渡る決意をし、五回におよぶ航海の失敗と挫折《ざせつ》による失明を経験したのち、ついに753

揚州大明寺

世界遺産　拙政園

年に日本の土を踏むことができた。奈良東大寺で戒律を教え、日本仏教の施戒制度を確立した。759年に唐招提寺を建て、律宗をひらいた。中国の建築、彫刻、医薬学などを日本に伝え、中国と日本の交流史に大きな足跡を残した。井上靖の名作『天平《てんぴょう》の甍《いらか》』（新潮文庫）の主人公となっている。

江陰出身の徐霞客《じょかきゃく》（1586〜1641）は明時代の地理学者で、有名な『徐霞客遊記』を後世にのこした。『西遊記』で知られる呉承恩《ごしょうおん》（約1500〜約1582）、『水滸《すいこ》伝《でん》』の作者施耐庵《したいあん》（元末明初に活躍）など、江蘇生まれの文化人も多い。

近代では、一世を風靡《ふうび》した京劇の名優梅蘭芳《ばいらんほう》（1894〜1961、泰州出身）など、超有名人を生み出している。

毛沢東《もうたくとう》につぐ指導者として長年首相をつとめた周恩来《しゅうおんらい》（1898〜1976）は淮安《わいあん》の出身。フランス留学時代、革命運動に参加。中華人民共和国建国後から1976年死去するまで国務院総理をつとめ、実務にあたった。中国国内はもとより、世界的にも人望の高い中国の指導者であった。

現国家主席・中国共産党総書記江沢民《こうたくみん》（1926〜　）も揚州の出身である。

浙江省《せっこう》

——中国の宝塚「越劇《えつげき》」と紹興酒《しょうこうしゅ》の故郷

網のように分布している川が目に染《し》みるような緑の水田地帯を悠々と流れていく。川の両岸の春雨に煙る柳はそよ風に枝を揺らしながら、墨絵のような江南の美をあますところなく見せている。白亜の壁に黒い瓦《かわら》の農家が織りなす田園風景がかつて少年時代の魯迅《ろじん》を感動させたのと同じように、魯迅の後裔《こうえい》たちの心に故郷の美を静かに焼き付けている。大きな弧線を描くように川にまたがる石橋の円洞から、小舟が一艘《そう》また一艘と静かな水面を滑るようにやってきては、また去っていく。舟上には赤い絹の紐《ひも》で結ばれた家財道具が溢《あふ》れんばかりに積まれている。嫁入り道具を運ぶ水郷ならではの風景である。湿った空気のなかに紹興酒の甘い匂《にお》いが漂っている。顔を優しく撫《な》でるように吹く風に運ばれてきたのか、越劇の「紅楼《こうろう》夢《む》」の歌がどこからともなく聞こえてくる。犬の遠吠《とおぼ》えに鶏の鳴き声、そして小舟を漕《こ》ぐ音……。

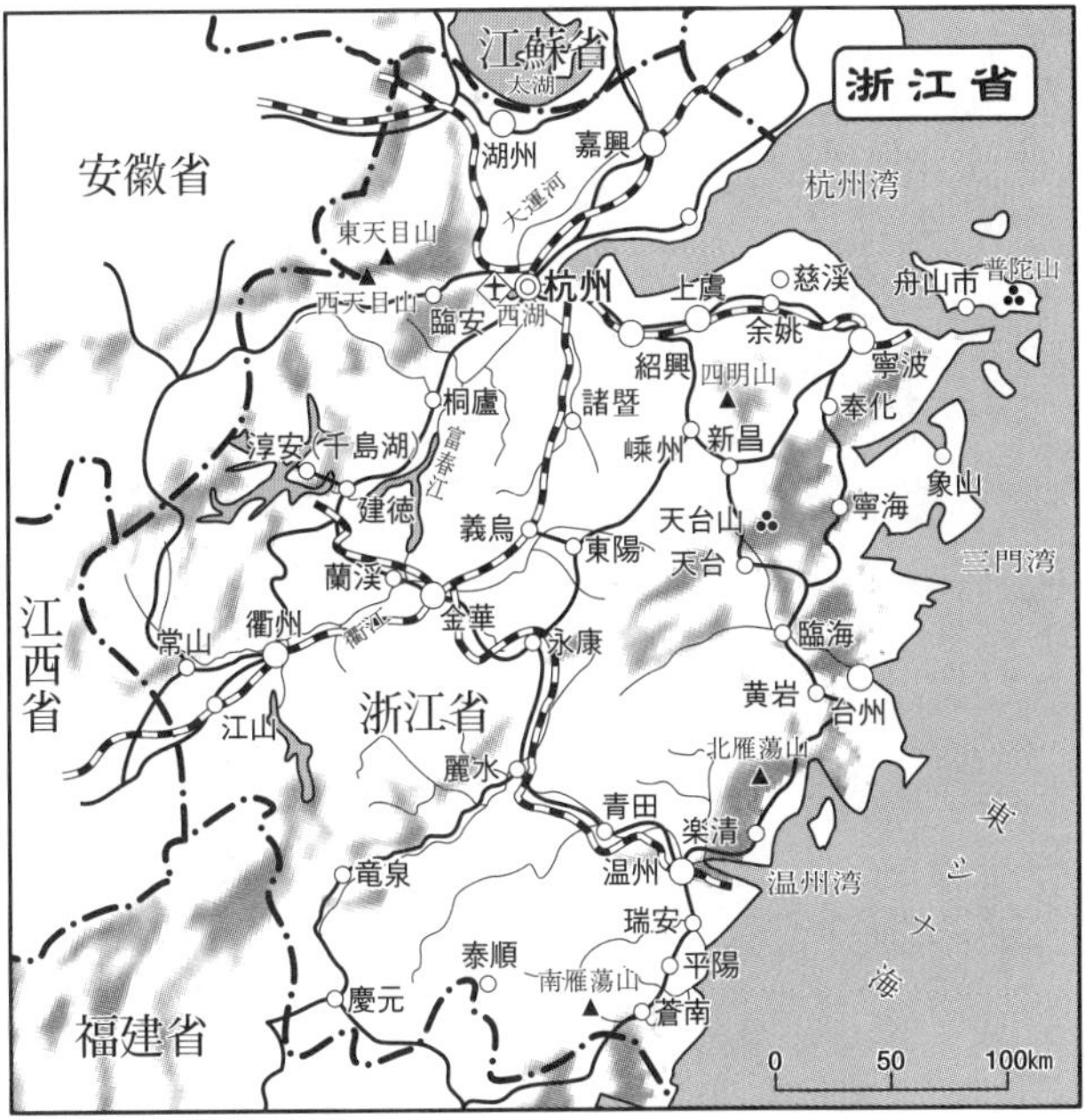

江南の春は民族色豊かなBGMつきの水墨画である。これが浙江省だ。

同省は四季がはっきりとしており、中国でも気候的にもっとも恵まれているところで、古くから「魚米の里」としてその豊かさが知られている。とくに浙江平野とも呼ばれる杭嘉湖《こうかこ》平野一帯は、江蘇《こうそ》省の蘇州あたりとならんで「上有天堂、下有蘇杭（天上に極楽あり、地上に蘇州・杭州あり）」と称《たた》えられてきた。同省を語るには、二つのキーワードを避けて通れない。「越劇」

と「紹興酒」だ。

越劇は中国南方でもっとも人気の高い地方劇で、紹興がその発祥の地である。人気のわりには、その歴史はそれほど古いものではない。20世紀初頭に紹興近辺で行われていた語り物が農民劇に発展し、1916年に上海《シャンハイ》に入り、20年代の上海で京劇からさまざまな要素を吸収し、新劇の写実性と崑曲《こんきょく》の優美さも加わって、都会的に洗練された女優ばかりの演劇へと成長し、1942年頃から越劇と呼ばれるようになった。上海、浙江を中心に江南地方では、京劇よりはるかに人気がある。長い間女優ばかりだったので、中国の宝塚のような存在であった。1960年代以降男優も舞台に出るようになったが、いまでも女優が中心を成す。男優を主とする京劇の美を剛と形容するなら、越劇の美しさは柔である。ストーリーも古典や時代物に題材を得る男女の恋愛物語が多く、女性ファンに熱烈に支持されている。京劇のようにトンボをきるような動きの激しい舞台ではないが、優雅な動作と哀愁をおびたトーンの高い美声に、江南の歴史と美意識を感じさせる。

浙江小百花越劇団は「江南に薫る百の花」と謳《うた》われる麗《うるわ》しき女優たちで構成される中国でもっとも有名な歌劇団である。

越劇が江南の女性の心を酔わせるものだとすれば、紹興酒は多くの男性を陶酔させてきた名酒である。浙江平原に位置して、省都杭州市から東へ60キロ離れた紹興市は、この紹興酒の産地として知られる。「東方のベニス」ともいわれ、市面積の10%を運河やクリークが占めている。そのため、水郷やアーチ型石橋、紹興酒を詰めた大きな陶製の酒壇は、昔から紹興を語る際や描く際に欠かせない基本要素となってきた。紹興の歴史は古い。紀元前490年に建設され、越の国の首都だった。春秋時代は、呉《ご》の国と越の国が激戦を交わした戦場になり、「臥薪嘗胆《がしんしょうたん》」の故事をはじめさまざまな歴史のドラマが展開した舞台であった。

中国酒は大きく言えば、醸造酒である黄酒《ファンチユウ》と蒸留酒である白酒《パイチユウ》とに分けられる。黄酒は醸造酒の総称で、なんといっても老酒《ラオチユウ》がその代表で、紹興で生まれたといわれるので紹興酒とも呼ばれる。

中国酒の起源は古く、4000年以上も前の遺跡からすでに醸造用具が発掘されている。蒸留酒を作りだしたのは、12世紀ごろの金の時代。ヨーロッパ文明がビールを蒸留してウイスキーを作ったのが17世紀ごろであることと比べると、酒づくり技術において中国がいかに進んでいたかがうかがわれる。

中国八大名酒の一つに数えられる紹興酒はアルコール度15%前後で、うるち米と小麦、そして紹興の鑑湖《かんこ》の澄んだ水からつくられる。2400年もの伝統を誇る中国の代表的な酒だ。一口に紹興酒と言っても、加飯酒、花彫酒、老酒、女児紅、状元紅などと種類はたくさんある。女の子が産まれると、紹興酒をカメに封じて女の子が成人し嫁に行くときまで貯蔵する。結婚披露宴に封を切られた紹興酒は二十年前後寝かされ、重厚な赤みをもつ芳醇《ほうじゅん》な酒と化した。それに由来して「女児紅」というブランドが生まれた。

　春秋時代に呉と越の国に分かれた同省は、西南部が高い山地で、中部が丘陵と盆地で、東北部は平野である。南部は雁蕩《がんとう》山脈、北部は天目《てんもく》山脈と莫干山《ばくかんざん》、中部は天台山《てんだいさん》・四明《しめい》山《ざん》などの仁霞嶺《じんかれい》山脈が走っている。主要な川には銭塘江《せんとうこう》、甌江《おうこう》、甬江《ようこう》などがある。

　省都の杭州市は２２００年以上の歴史がある都市で、五代の呉越、南宋の首都でもあり、いまでも中国の六大古都の一つとして往時の面影をしのばせている。港町の寧波《ニンポー》市は古くから海外との連絡の窓口だった。

　豊かな経済と豊穣《ほうじょう》な自然に恵まれているので、文化の発信地としての歴史も長い。省内には由緒《ゆいしょ》のある文化施設が多く、蔵書の歴史と伝統もほかの地方の追随を許さない。中国最古の蔵書楼とされる明《みん》時代の寧波天一閣《てんいつかく》、清《しん》時代の瑞安《ずいあん》玉海楼、杭州の八千巻楼、民間の南潯嘉業堂《なんじんかぎょうどう》など有名な古代蔵書施設があり、広く全国に知られている。現在の浙江図書館もかつての浙江蔵書楼で、１９０３年一般の人々に開放したのをきっかけに公共図書館にかわり、中国近代図書館史の最初のページをひらいた。書道の世界では知らない人間はいないといわれる、晋《しん》代の書道家王羲之《おうぎし》が『蘭亭《らんてい》集序』を書いた舞台・紹興の蘭亭も人々の印象に残る。また、20世紀の初頭に創立され、印鑑の文字を研究する西《せい》冷印社《れいいんしゃ》は中国近代の文化史に大きな影響を残している。

また仏教の寺院がきわめて多い。天台山国清寺は天台宗の発祥の地であり、日本の天台宗の本山でもある。804年に最澄上人《さいちょうしょうにん》は天台山国清寺を訪ね、住職道邃《どうすい》に師事し、翌年に二百数部の経典をたずさえて日本に帰国して天台宗を開いた。1223年、勤県《きんけん》の天童寺は禅宗五山の一つで、日本や東南アジアと縁が深い寺院である。道元《どうげん》禅師はここで禅法を伝承し、帰国後、曹洞宗《そうとうしゅう》を開いた。東晋時代の326年に開山した杭州の霊隠寺、945年につくられた浄慈寺なども東南アジアと日本の仏教界に大きな影響をあたえている。海に臨む普陀山《ふださん》は中国仏教の四大名山の一つになっている。

近代の中国に多大な影響を与えた人物には魯迅と蔣介石《しょうかいせき》がいる。

魯迅（1881～1936）は、本名・周樹人、紹興の出身で、中国近代の代表的な作家。『阿Q正伝《あきゅうせいでん》』、『狂人日記』などの作品がある。日本の仙台に留学した経験をもち、現在東京・神田にある内山書店の店主と親交があった。

中華民国の総統であった蔣介石（1887～1975）は奉化の生まれ。日本の陸軍士官学校に留学した経験をもち、後に、孫文《そんぶん》の信頼を得て黄埔《こうほ》軍官学校校長に就任。孫文死去後、国民党と政府のトップになる。1949年、共産党に敗れて、台湾へ逃れた。台湾統一問題が議論されるなか、かつて「匪賊《ひぞく》」と罵倒《ばとう》された蔣介石だったが、「一つの中国」という原則を最後まで貫いた蔣介石に対する評価は近年だいぶ変わってきている。

1978年、改革・開放時代に入ってから、同省は私営経済の発展に力を入れ、温州地区にいたっては、中国国内でもっとも資本主義的な地方だという評判を得るほど、大胆な経済改革をすすめている。義烏《ぎう》の雑貨市場、紹興の軽工業・紡績製品市場がそれぞれ中国有数の規模を誇り、地域経済の実力を見せた。温州、台州など経済改革がすすんだ地域では、養老保険制度の普及など改革・開放の成果が庶民の生活にまで浸透し、その恩恵を多くの庶民が享受《きょうじゅ》できるようになりつつある。近年、台湾企業の主要投資先としても注目されている。

省内の観光の名所として知られるのが、唐の詩人白楽天、宋の蘇東坡《そとうば》がこよなく愛した中国屈指の景勝の地・西湖《せいこ》、侵入してきた金の軍隊との戦いで知られる宋代の名将・岳飛の墓・岳廟《がくびょう》、旧暦中秋の名月のころに見られる銭塘江の潮津波、かつて蔣介石と宋美齢が結婚式をあげたのちにハネムーンに訪れた避暑地・莫干山、奇怪な形の山々と美しい滝で知られる山水の名勝・雁蕩山、第二の漓江《りこう》とたたえられる富春江、1078の島があり山紫水明の新安江・千島湖など。中国有数の漁場である舟山群島も近年人気の高い観光地となっている。

安徽《あんき》省

——水墨画と明《みん》の民居《みんきょ》が織りなす桃源郷の世界

緑の水田の向こうに、白亜の高い壁に囲まれた黒瓦《くろがわら》の住宅が群集している。精巧で緻密《ちみつ》な彫刻が施され、室内にあるのは明の時代の格調高い黒檀《こくたん》の家具で、往時の裕福さをさりげなく偲《しの》ばせる。日中戦争時代の戦火、国民党と共産党の内戦、文化大革命などの政治動乱、さまざまな歴史の荒波にまるで荒らされていない、いまでも桃源郷のようなその存在に、訪れる誰もが驚嘆の声をあげる。それが世界遺産となった安徽省の古村群だ。

中国でもっとも美しい山とされる黄山《こうざん》の麓《ふもと》・屯渓《とんけい》周辺には、多くの伝統的民居が点在している。黟県の西逓《せいてい》村と宏村がその代表である。９５０年の歴史をもつ西逓村は面積13ヘクタール、14世紀から19世紀の民居二百数十棟が、明の時代あるいは清《しん》の時代のままに保存されている。明・清民居の博物館とも称される。宏村は１１３１年に建てられ、明の時代と清の時代の建築が百数十棟残っている。

応接間の真ん中に石ころが置いてある家がある。室内移動の邪魔となりそうなこの石ころは、実は取り除くと下が穴の細い井戸となっている。暑い夏には、石ころを外すと、井戸の中の涼しい湿気が立ちのぼり、室内の温度を下げてくれる。冬は逆に井戸の水の温度が高いので、乾燥する室内の空気を潤《うるお》す。今日のエコロジーに合致する古代の知恵と合理性に頭が下がると同時に、多くの示唆《しさ》が得られる建築設計である。

安徽省を代表するもう一つの景色は黄山だ。

総面積は1200平方キロにおよび、中国でもっとも知られる景勝の地である。天都《てんと》峰《ほう》、蓮花《れんか》峰《ほう》、光明頂《こうめいちょう》などの主峰がある。奇松、怪石、雲海、温泉は黄山の四大絶景と言われる。山頂の景色は雄大で、変化に富み、墨絵の世界そのものである。奇怪な松や岩石がさまざまな動物やものに似ていて、その自然の造形はいくら眺めていても飽きない。かつては徒歩でのぼるか強力《ごうりき》に担《かつ》いでもらって頂上に行くしか方法はなかったが、現在はロープウェイを利用する手がある。山上に北海賓館、西海飯店、途中に玉屏楼《ぎょくへいろう》などのホテルがある。現在、黄山一帯を黄山森林公園とする計画がすすめられている。

麓の町・屯渓老街は宋代の街の風貌《ふうぼう》を色濃く残している。周辺に前述の西逓村と宏村など明代に建築された民家がそのまま残っている村落が何カ所もある。

墨絵を描く画家ならば、黄山の自然美を描く修練を経験しなければ一流にはなれないと言われるほど、白雲と奇岩の峰と緑の松が織りなす変化無窮の黄山の景色には墨絵を

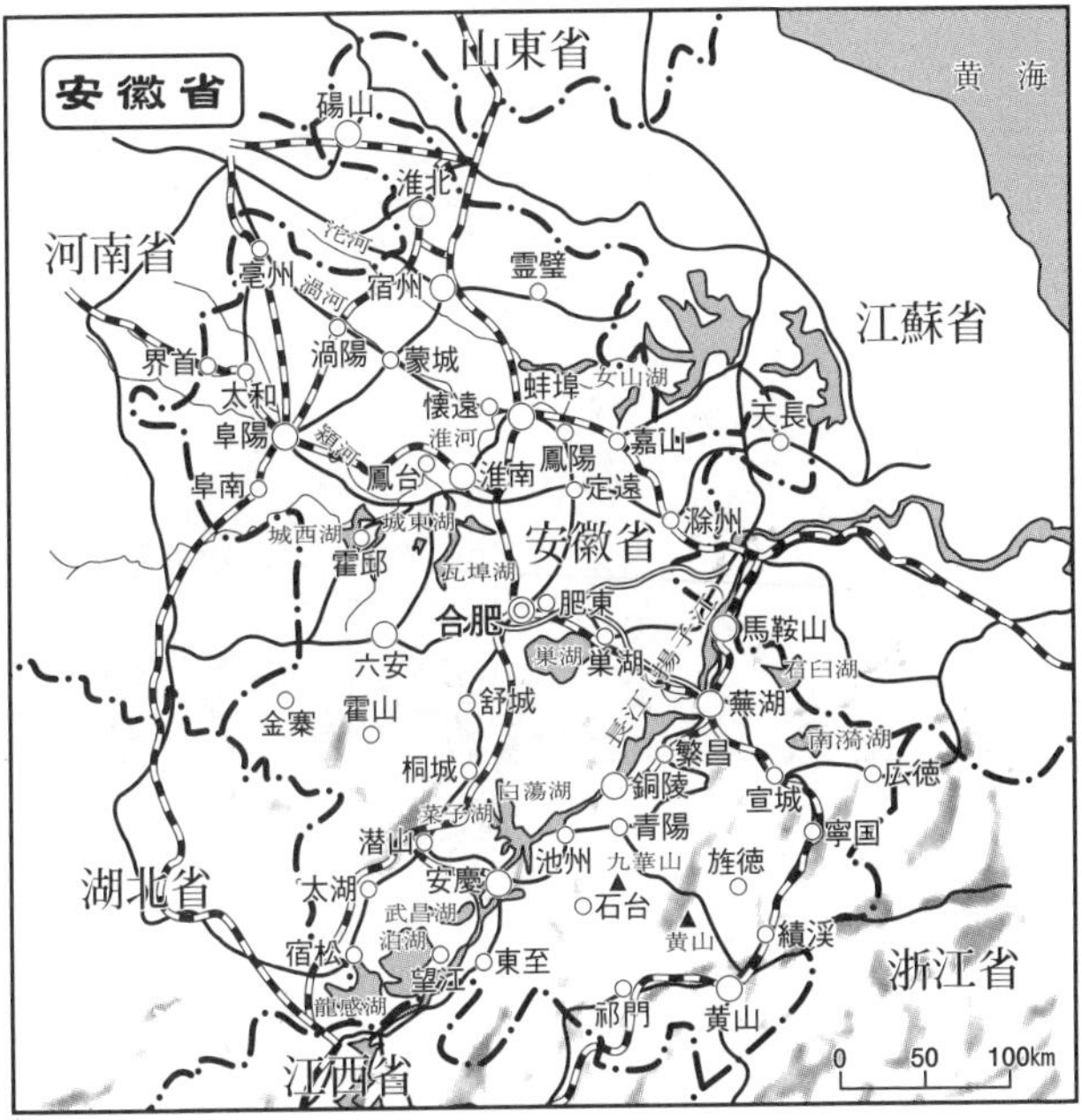

超えるほどの美しさがある。
　青陽県内にある九華山《きゅうかざん》は、山西省《さんせい》の五台山《ごだいさん》、浙江省《せっこう》の普陀山《ふださん》、四川省《しせん》の峨眉山《がびさん》と並ぶ仏教の四大名山である。面積は100平方キロ。99の峰があり、なかでも海抜1342メートルの主峰・十王峰と天台《てんだい》、蓮花、天《てん》柱《ちゅう》などの九つの峰がもっとも有名だ。現在、化城寺、月身宝殿、百歳宮など78の古刹《こさつ》がのこっており、仏像は1500体にのぼる。
　水墨画のような風景と明の民居が織りなす桃源郷の世界。これは安徽省に対す

世界遺産　黄山

る多くの人々の印象であろう。

いっぽう、中国の歴史を彩《いろど》る安徽省出身の人材も多い。三国時代の曹操《そうそう》、明朝を建国した朱元璋《しゅげんしょう》、清代の劉名伝《りゅうめいでん》、李鴻章《りこうしょう》及び近代の陳独秀《ちんどくしゅう》、医学史上初の麻酔薬をつくった華佗《かだ》、種痘の接種法を明らかにした江希舜、豆腐の製法を発明した劉安《りゅうあん》、道家の創始者の老子、荘子、清代の新安書派の方《ほう》苞《ほう》、『儒林外史《じゅりんがいし》』の呉敬梓《ごけいし》などが挙げられる。

安徽省が育《はぐく》んだ道家学説、建安文学、桐《とう》城《じょう》文学、新安書派などは中国の哲学と文化に大きな貢献をした。徽劇《きげき》は中国伝統演劇である京劇が誕生する素地となり、現代の黄梅戯は中国四大劇の一つとして有名である。

活発な文化活動の副産品とでもいうか、

古くから伝統的な文房具の産地としても有名だ。

古くから中国では、文房具のブランド品を珍重する慣習がある。歴代の文人たちは、宣紙、徽墨《きぼく》、湖筆、端硯《たんけん》を「文房四宝」として愛用した。つまり、安徽省宣州（旧名、宣城郡ともいう。現在の涇県《けいけん》）製の紙、安徽省徽州（旧名。現在の歙県《きゅうけん》などの地域）製の墨、浙江省湖州（旧名。現在の呉興）製の筆、広東省《カントン》端州（旧名。現在の高要）製の硯《すずり》をもっとも上等な製品だとみるのである。そのうち二つが安徽省の製品であり、同省出身者の自慢となっている。しかし同省の人によれば、宣紙と徽墨に、現在は江西省《こうせい》の一部になったがかつては安徽省歙県製の硯・歙硯と宣州製の筆・宣筆を加えたものが、正真正銘の文房四宝であるという。一種のお国自慢であろう。

古代民居にせよ、数多くの文学流派の活躍と「文房四宝」にせよ、洗練された文化の裏には、豊かな生活としっかりした経済的基礎があったのである。

経済的にみれば、同省は商業を営んだ歴史が長く、かつて安徽商人は徽商とよばれ、全国の津々浦々で商売に従事する彼らの姿をみることができた。宋、明、清は徽商の全盛時代であり、中国の経済史に大きな足跡を残している。しかし、近代に入ってからはその勢いが衰え、浙江商人や上海《シャンハイ》商人に圧倒されてしまい、商業は同省の優勢ではなくなってしまった。

中国華東地区、長江の下流に位置する同省は、南の長江と北の淮河《わいが》という二つの河川

世界遺産　屯渓の古村

によって、淮北平原・江淮丘陵・皖南《かんなん》山地という三つの地域に大きく分かれている。気候的には、温帯と亜熱帯の境であり、温暖で湿潤、日本と同じで四季がはっきりしている。

上海、江蘇《こうそ》省、浙江省、山東《さんとう》省と同じように華東地区に属するが、省全体がその中部に位置するので、工業も経済も長い間立ち遅れた状態にあった。1960年代から70年代は旧ソ連との軍事衝突に備え、同省が上海の「小三線（ミニ後方の意）」と位置づけられ、上海から多くの軍需関係の工場が皖南の山間地帯に移転してきた。その結果上海と密接な提携関係が結ばれたようにみえたが、上海の工場が上海または中央に直属するだけであったため、その恩恵は同省にはおよばなかった。

省内でも比較的豊かな淮南と非常に貧しい淮北に分かれ、淮北の農民は長い間、農閑期に都会に物乞《ものご》いにいく習慣があるほどの貧困に喘《あえ》いでいた。改革・開放の最初の狼煙《のろし》が同省の最貧困県である鳳陽《ほうよう》県で上がったのもまったく必然的なことだと思える。

しかし、改革・開放の主要舞台がしばらくして農村部から都市部に移ってしまい、同省はそれまでの苦境から脱出する暇もなく、またしても取り残されてしまった。経済の成長率を見ても、上海、江蘇省、浙江省などとは比べるべくもなく、近年は西部の省・自治区にも後れをとりはじめた。

80％以上の市・県は河川沿いに位置しているので水運を発展させる下地がある。80年代に、長江の水運能力を開発するために、内陸地である同省は遠洋運輸会社を設立し、蕪湖《ぶこ》港、安慶《あんけい》港から日本、ロシアに直行する国際航路を開いた。さらに蕪湖港に国内最初の自動化専用埠頭《ふとう》・裕渓口《ゆうけいこう》石炭専用埠頭、朱家橋《しゆかきよう》対外貿易専用埠頭も作った。だが、経済を飛躍させるほどのきっかけにはならなかった。

石炭資源のあまりない華東地区では、両淮と呼ばれる淮南、淮北にある豊富な石炭資源と火力発電センターが動力源とされる。長江流域の開発計画も現実味を帯びはじめたのをうけて、長江沿岸を重点開発地区にした華東地区のエネルギー供給省として上海経済圏に組み込まれる可能性が一時濃厚になっていたが、地球温暖化を避けるために、主要燃料が石炭から石油、天然ガスにシフトする昨今ではその可能性もかなり薄まった。

同省の最高の学府とされる中国科学技術大学は、中国科学院に直接に所属する名門で、文化大革命中の1970年に北京《ペキン》から合肥《ごうひ》に移転された。同大学は先進的な研究設備があり、優秀な教授陣も揃《そろ》っている。78年から特別な才能を持つ少年を対象にする少年大学生クラスが設けられている。上海東南医学院が前身の安徽省医科大学も移転組。1949年に合肥に移ってきた。

1978年末同省の最貧困県である鳳陽県の小崗村《しょうこう》では、農民たちが密《ひそ》かに人民公社所有の農地を農家個人に分けて、自己責任で農業を営む試みをはじめた。これはのちに「家庭請負制」として全国的に知られ、人民公社の崩壊のきっかけを作った。小崗村は中国の農村のモデルになったばかりでなく、世界的に広く紹介された。しかし、その影響を受けて改革に乗り出したほかの農村地方は次第に豊かになったが、二十数年経《た》ったいまでも、小崗村にはたいした変化がなく、カラーテレビや冷蔵庫もない農家がまだ多い。小学校、道路、役場など村の主な施設も、例外なくほかの地方自治体が寄付して作ったものである。かつてのモデルはふたたび貧困に陥るモデルケースになりそうだ。

小崗村の登場と再沈没は、同省の将来が茨《いばら》の道であることを暗示している。

福建《ふっけん》省

——華僑《かきょう》の里と対台湾最前線

　華東地区の東部、台湾海峡の西岸に位置する福建省は、総面積の95％を山地と丘陵が占め、東南部の沿海地域のどの省よりも山地が多いことから「東南の山国」とよばれる。武夷《ぶい》山脈、杉嶺《さんれい》山脈など六つの山脈が海岸に平行して省内を走る。わずか5％しかない平野と盆地は海辺や川谷に分布している。土壌はほとんどが赤土で、黄土も少なくなく、農業に向かない土地が多い。
　また、海岸線が３３２４キロと長く、広東《カントン》省についで、中国で二番目に海岸線の長い省である。１２０以上もある港湾のなかで、比較的大きい港湾が22カ所。１４００以上の島が近海50キロの海面に散らばっている。漁業に従事する住民も多い。
　中国内陸部と交流を行うには高い山々を乗り越えなければならないため、昔から、船で比較的容易に行ける、南洋と呼ばれる東南アジアの国々との交流が盛んに進められていた。

平安時代に空海をはじめとする多くの日本の学問僧が仏教の教義を勉強するため福州を訪れた。福州市東の鼓山《こざん》にある涌泉寺《ようせんじ》は、唐代日本の学問僧が仏教の真髄を学んだ場所である。「空海入唐《にっとう》の地」と書かれた空海の上陸記念碑もある。

泉州市はかつて海のシルクロードの出発地として名高く、世界第二の貿易港として栄えた。元の時代に泉州を訪れたマルコ・ポーロは「第二のベネチア」と賞嘆した。19世紀に、同省の福州と厦門《アモイ》は、広州、寧波《ニンポー》、上海《シャンハイ》とともに貿易港として開放され、厦門の小島・鼓浪嶼《ころうしょ》には外国租界も置かれた。

中国最初の教会といわれる厦門の新街礼拝堂、一年中花が咲き誇り外国風建物が林立する厦門の鼓浪嶼、イスラム教の創始者マホメットの弟子を埋葬した墓地・泉州市の霊山聖墓などは、こうした歴史が残した置き土産である。

こうした開放の歴史があったため、海外との人的交流も盛んだった。中国で最も知られる華僑の里の一つでもある。同省籍の華僑の人数は７００万人以上にのぼり、広東省についで二位である。

18世紀後半、イギリス、フランス、アメリカなどの植民地主義国家は、中国で大量の労働力を募集し、厦門から東南アジア、オーストラリア、サンフランシスコ、キューバ、ペルー、ガイアナなどの南米国家、アフリカへと売り飛ばした。華僑は「猪仔《チョシ》」と呼ばれ、苦力《クーリー》として鉱山採掘から鉄道、運河、港湾の建設まで、そして荒野の開墾、ゴム林

の栽培など、ありとあらゆる苦しい重労働を強いられていた。

こうしたなかで、華僑は持ち前の勤勉さや節約精神などで財産を蓄え、しだいに資産家となり、とくに東南アジア一帯では地元の経済をリードするようになった。同時に移住先の国々に、農耕、建築、漁獲、醸造、製紙、料理など多くの技術を伝えた。同省籍の華僑として、シンガポール華僑の故・陳《ちん》嘉《か》庚《こう》やインドネシアの億万長者である林紹良《スドノサリム》がもっとも有名である。

土楼

「故郷に錦《にしき》を飾る」意識が強い華僑から提供された資金によって、厦門大学、華僑大学に代表される大学や病院、養老院、図書館などが建てられた。厦門市には華僑の歴史と業績を紹介する華僑博物館が、泉州市には華僑の資金援助で建てられた華僑大学がある。

福建省はまた客家《ハッカ》と呼ばれる人々が主に居住している地域としても知られる。中国建設の父とされる孫文、シンガポールのリー・クワンユー、中国の改革・開放路線を定めた鄧小平《とうしようへい》、台湾の前総統李《り》登輝《とうき》も客家の出身といわれている。「土楼」と呼ばれる円形の建築物に集団で居住するライフスタイルが非常にユニークで、広く注目されている。

対外通商の歴史が長く、台湾に近いため、海外に数百万人もいる華僑の人脈と経済力を最大の武器として経済発展を狙《ねら》っている。厦門経済特別区は、深圳《しんせん》、珠海《しゆかい》、汕頭《スワトウ》と並ぶ中国最初の経済特別区の一つ。しかもフリーポートに相当する一部の優遇措置も与えられた。

華僑人脈を活用するために、１９９２年、福建省福清《ふくせい》市に元洪工業区が開設された。インドネシアやシンガポールの華僑系企業が積極的な投資を行っている。台湾の基隆《キールン》港から１２５海里しか離れていない同工業区は、台湾企業にとっても魅力的な投資先であり、ここ数年台湾系の企業の進出が非常に目立つ。

だが近年、開放政策と華僑投資に対する優遇措置を悪用した経済犯罪が深刻化し、厦門市の主要幹部が汚職により検挙されるといった事件が相次いだ。

華僑の投資によって経済が大きく発展したことは、思わぬところにも影響を及ぼした。福建人自身が「ここ数年、福建省は烏龍茶《ウーロンちゃ》と密航者ですっかり世界的に有名になった」と自嘲《じちょう》気味に話すくらいに、同省の住民の海外密航は大きな社会問題となっている。

海外で成功した華僑を目《ま》の当たりにして、海外で一旗あげようとする人々、とくに若い男性が華僑神話を求めて、非合法な手段でつぎからつぎへと海外に出ていく。

密航者たちは、日本、アメリカ、西ヨーロッパだけでなく、台湾、香港《ホンコン》、メキシコ、シンガポール、ベリーズ、ケニア、東欧諸国、パナマ、ホンジュラス、南アフリカなどにも殺到している。その手段も多岐にわたる。密航船を仕立て強硬に密航先に上陸する者もいれば、雲南省の国境の山々を徒歩で越え、ミャンマー、タイを経由してアメリカ、西ヨーロッパなどの国々にわたる者もいる。偽造パスポートを使用したり、政治亡命者を装《よそお》ったりして、ありとあらゆる手段を駆使している。

その密航を斡旋《あっせん》するブローカーは蛇頭《スネーク・ヘッド》と呼ばれている。93年5月、ニューヨークの海岸に座礁《ざしょう》して密航が失敗した「ゴールデン・ベンチャー号」事件や93、94年に日本で多発した密航事件は世界の注目を浴びた。

手段を選ばずに密航を敢行したために、移動途中で多数の犠牲者を出した悲惨な事件も数多く発生している。

98年8月17日、東京の大井埠頭《ふとう》でコンテナの中で密入国した中国人16人が発見されたが、そのうちの8人は既に死亡していた。そのショッキングな事件に日本中が驚いた。2000年6月18日未明、英国でこれをさらに上回る悲惨な事件が発生。ドーバー港にフェリーで到着したトラックから、58人の密航者の遺体が発見された。この事件はヨーロッパを震撼《しんかん》させた。

おかげで福建省は密航者の送り出し地として、世界中から非難を浴びるはめとなった。中国政府も福建省政府も密航をなくすためにさまざまな措置を講じ、厳罰でのぞんではいるが、成果はあがっていない。就職難などにみられる人口の圧力と「海外に出さえすれば金持ちになれる」と信じこむ華僑神話が存在するかぎり、福建人の海外への密航はこれからも続くであろう。

近年、海峡を隔てる台湾が独立傾向を強めるに従い、対台湾最前線という一面がクローズアップされてきた。

1996年3月、台湾で初の総統直接選挙が行われ、独立路線を歩む李登輝が当選した。選挙前に李の当選を阻止するため、解放軍は台湾本島に極めて近い海域へ向けたミサイル発射演習を行い、台湾北部基隆の東方海域に一発、南部の高雄《たかお》の西方海域に二発の計三発の地対地ミサイルを撃ち込んだ。いずれも射程約600キロの地対地中距離ミサイルM9とみられるが、弾頭には火薬などの爆発物は入っていなかった。

さらに、台湾海峡の東シナ海と南シナ海にまたがる海域と空域で、海軍と空軍との合同実弾演習も実施された。当時、同省には大規模の兵員が結集していた。

これに対して、米国は空母を2隻《せき》緊急派遣し、台湾海峡を挟んで米中の軍事力が向かい合うという緊張した局面がしばらく続いた。

台湾海峡の緊張が高まるなかで、同省が中国の対台湾統一の最前線であるという一面がクローズアップされた。2000年3月の台湾総統選で、独立を党の綱領にし、李登輝が主張する「二国論」を支持する民進党の陳水扁《ちんすいへん》が当選し、台湾海峡は再び緊張感が高まった。

しかし、当選した陳水扁総統は、中国との正面衝突を避けるた

世界遺産 武夷山

め、台湾側管轄《かんかつ》下にある金門島などの離島と福建省との間に、早期に直接の通商、通航、通信を実現する、という「ミニ三通」政策を打ち出した。

目まぐるしく変化する情勢の中で、同省は台湾との軍事衝突に備える最前線というだけでなく、中台統一の最重要舞台でもあることを世界中に印象づけた。

この福建省でもっとも知られている歴史人物は、鄭成功《ていせいこう》（1624〜1662）だ。日本人の母親を持つ明《みん》の名将である彼は、本籍は福建省南安県だが生まれは日本である。1630年に明代の中国に渡った。近松門左衛門の戯曲「国姓爺合戦《こくせんやかっせん》」で日本でも広く知られている。彼は1661年、数万の兵を率いてオランダ人が占領した台湾に攻め、8カ月におよぶ激戦の末、翌年2月オランダ人を降伏させ台湾を支配下に置くことができた。以来、台湾を修復したヒーローとされ、厦門の鼓浪嶼に鄭成功記念館が建てられている。

江西省《こうせい》

——陶磁器の里と政治の裏舞台として知られる

江西省ははっきり言って知名度が低い。東西の区分けで言えば、江西省は貧しい西部ではなく、広東《カントン》、上海《シャンハイ》、江蘇《こうそ》などの省や市と並んで豊かな東部に属することになっている。しかし、東部地域のなかではおそらく最貧困の地域と見ていいだろう。内陸の貧困地域の人々が先を争って沿海部へと出稼ぎに行く時、東部に属していながらも貧困に苦しむ同省の人々は、土地にしがみついて、ただただ自分の不運を嘆くばかりだった。

同省にとっては、情報の閉鎖がむしろ貧困問題よりも深刻な問題だ。

だが、この江西省でも世界的に知られているところがある。中国国内最大の陶磁器産地・景徳鎮《けいとくちん》だ。

「瓷都《じと》」と呼ばれる景徳鎮は、古くは新平、または昌南鎮《しょうなんちん》という地名であったが、宋《そう》の景徳年間（1004〜1007）に景徳鎮と名を改めた。漢代から陶器をつくり、南朝時

代から陶磁器生産を始めたのである。景徳年間、宮廷用の磁器を生産するようになってから、景徳窯《けいとくよう》の名は全土に知られるようになり、その製品は海外にも数多く輸出された。当時、ここで焼き上げられた影青《インチン》磁器は大変な人気を集めた。

景徳鎮は元の時代から青花瓷《じ》の生産を始め、明《みん》、清《しん》の頃には高いレベルに達した。特に、明の時代に、御用達《ごようたし》品をつくる「御器廠《ごきしょう》」と呼ばれる官窯の工房が設置されるなど、磁器生産の最盛期をむかえ、大量の磁器が外国に輸出された。その製品は、「白きこと玉のごとし、明るきこと鏡のごとし、薄きこと紙のごとし」などとたたえられ、高い技術水準をほこっていた。日本の有田焼にも影響をあたえている。

この青花瓷は多くの人々に珍重され、中国では、ほとんどの新婚家庭が景徳鎮製食器をナンバー１ブランドとして選ぶ。上品な青花瓷は近代化が進むいまでも根強い人気がある。こうした人気が景徳鎮の名を不動のものにした。

市街から東南45キロの高嶺山《カオリン》は、世界的な磁器の胎土カオリンの名の由来地として知られる。陶磁、建築史などの学術価値が高いことから、１９８２年、国によって歴史文化都市に指定された。

現在、数百のさまざまな規模の陶磁器工場、研究所、個人経営の工房などが市内に遍在する。約10万人が陶磁器生産や研究に従事している。

この文化的な価値に目を付け、景徳鎮は１９９０年より国際陶磁器フェスティバルを

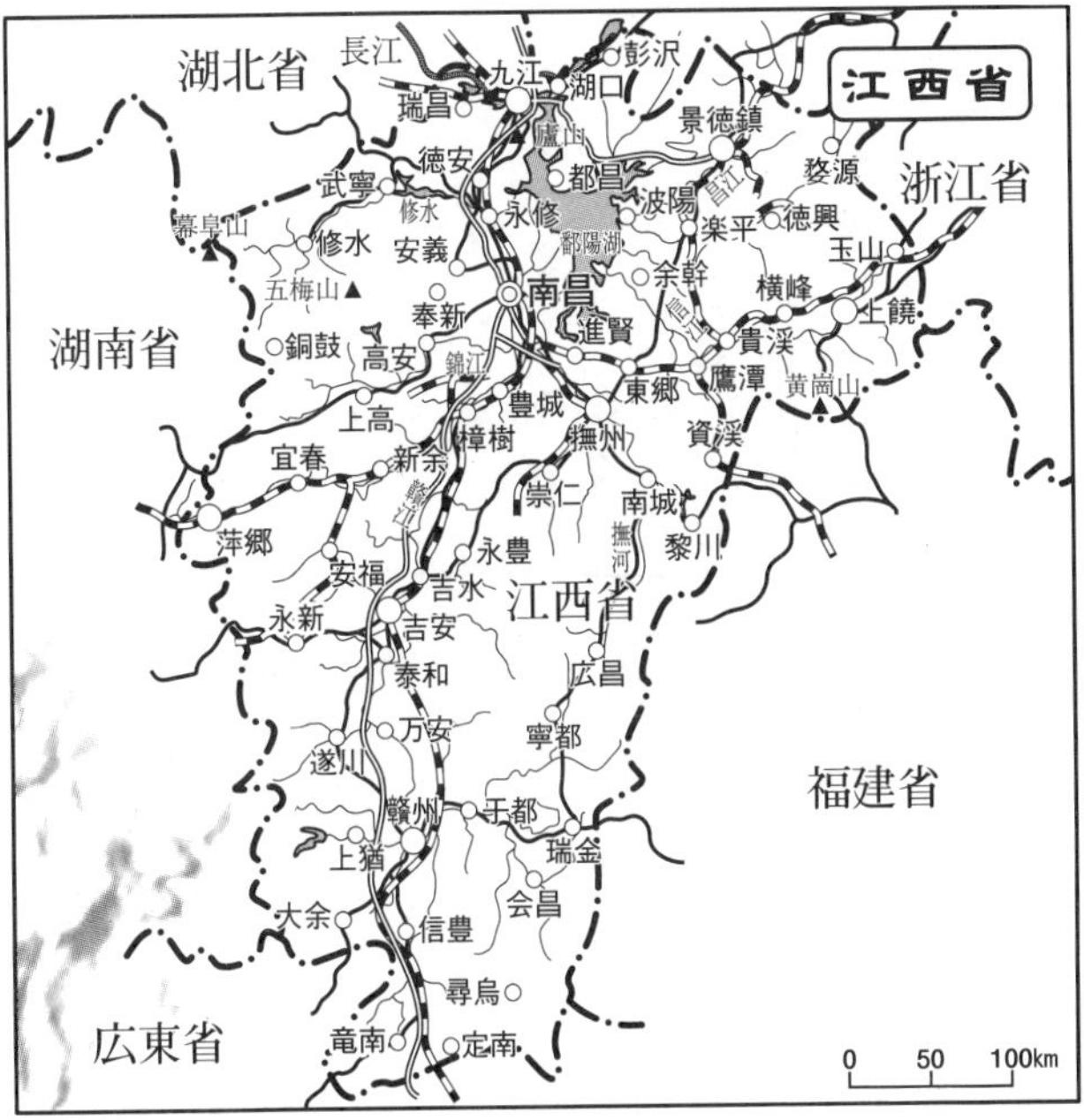

開催し、積極的にその存在を海外にアピールするようになった。陶磁器を中心にした観光ルートや施設も出来て、古窯や古い工房を見学できる景徳鎮古陶磁博物区、古代から近代にいたる陶磁器が体系的に展示されている陶磁館などがその代表例となっている。これがまた観光業の発展へとつながり、欧米をはじめ多くの国々から大勢の観光客が景徳鎮を訪れている。

　景徳鎮の栄華が物語るように、江西省は、かつては決して貧困の代名詞というわけではなかった。

古くからここは、茶、蜜柑《みかん》、稲の栽培で有名な土地柄であった。明、清時代には、中国全国の四大米市、五大茶市、四大名鎮（仏山《ぶっさん》、漢口《かんこう》、朱仙鎮《しゅせんちん》、景徳鎮）の一つに数えられていた。しかし、阿片《アヘン》戦争後に同省の経済的地位は後退し、農業省に甘んじて現在にいたっている。

いまでも、陶磁器の生産のほかに中国最大の銅生産基地を有し、タングステン、ウラン、タンタル、ニオブの生産高も中国で一、二を争っている。省の北部には中国最大の淡水湖、鄱陽湖《はようこ》が水をたたえ、その周辺は河川・湖沼《こしょう》が密集している。そのため淡水魚の養殖が盛んで、灌漑《かんがい》のゆきとどいた沿岸の平野は、中国有数の稲作地帯として名高く、同省の食糧生産量の半分を占める。

しかし、自給自足の農民生活は経済意識の革新を妨げ、北以外の三方を山地にかこまれた地理的な不便さも閉鎖意識を助長し、改革・開放の波に乗りそこねて、躍進をつづける沿海地区が多い東部地域のなかではあまり注目されることのない内陸省へと成り下がった。近年、同省の余剰労働者が広東省や福建省《ふっけん》などの経済が大きく成長している省だけでなく、貧しい西部に属する雲南省《うんなん》にまで流れる傾向が強まっており、出稼ぎ者の主要送り出し地にまでなってしまった。

江西省と浙江省《せっこう》を結ぶ鉄道より南の広大な地帯は、物産が豊富な土地でありながら鉄道が敷かれておらず、交通不便だったことも停滞の一因となっていた。

だが、世紀的なチャンスが訪れた。

95年に北京《ペキン》と香港《ホンコン》を結ぶ京九鉄道が全線開通した。同鉄道は全長2538キロで、九つの省・直轄《ちょっかつ》市にまたがっており、北京〜広州をつなぐ京広線と北京〜上海を走る京《きょう》滬《こ》線という二大交通動脈の間に位置し、総投資額は三十数億ドルである。世紀のプロジェクトといわれる三峡ダムにつぐ大規模な建設プロジェクトだった。

南北幹線である同鉄道が江西省の九江《きゅうこう》市で東西交通のうえで重要な水路・長江とつながる。江西省は、同鉄道の開通を経済成長の起爆剤に位置づけるほど大きな期待をよせている。また、同省の二大工業都市南昌《なんしょう》と九江とを結ぶ高速道路の両側は昌九工業回廊と称され、重点開発区として注目されている。

一方、「老俵《ろうひょう》」と呼ばれ、保守的イメージが強い江西省の農民は、90年代の後半から省外への出稼ぎブームを巻き起こした。ミャンマーに隣接する国境地帯の雲南省西双《シーサン》版納《パンナ》で「輪タク」と親しまれる三輪車のタクシー運転手のほとんどが江西省からの出稼ぎ労働者である。北京では、温暖な南方から野菜などを運んできて販売する商人の多くが江西省出身者で、「江西菜幇《さいほう》」という固有名詞ができるほどその勢力を誇る。

海外では知名度が低い同省だが、中国の政治を語るうえでは欠かせない存在である。

省都南昌は、中国人民解放軍が誕生した町として知られる。1927年8月1日、周《しゅう》恩来《おんらい》、朱徳《しゅとく》らが指導する北伐軍3万人余りがここで武装蜂起《ほうき》を行い、中国共産党の指導下の軍隊となった。

蜂起の失敗後、その残軍が翌年に朱徳の指揮のもと、井岡山《せいこうざん》に根拠地をつくった毛沢東《もうたくとう》の指揮する農民蜂起部隊と合流し、中国工農紅軍（紅軍と略す）を創立した。以降、各地で共産党の指導で蜂起した軍隊は全《すべ》て中国工農紅軍を称するようになった。

抗日戦争の勃発《ぼっぱつ》後、国民党政府軍との内戦を中止し、紅軍の主力部隊は1937年8月国民革命軍第八路軍《だいはちろぐん》（または第十八集団軍とも呼ぶ。一般は八路軍と略して呼ぶ）に、同年10月に江西、福建、安徽《あんき》など八つの省で活動する紅軍ゲリラ部隊は国民革命軍新編第四軍（新四軍と略す）に改名した。

抗日戦争勝利後、国民党政府軍との内戦が再発し、政権奪取をめざして今度は中国人民解放軍と名を改めた。その名は中華人民共和国建国後も変わらず、現在に到《いた》っている。南昌市内には、それを記念した蜂起革命軍の司令部跡地、八一広場、高さ45メートルの八一蜂起記念塔など数多くの史跡がのこされている。

井岡山革命根拠地もまた、中国革命を語る際に避けて通れない存在だ。

1927年、毛沢東が紅軍を率いて、羅霄《らしょう》山脈にある井岡山を中心に初の革命根拠地をつくった。勢力最大時には、根拠地の範囲は人口250万が居住する21の県にまでおよんだ。紅軍勢力の増大に脅威を覚えた国民党政府軍は、大規模な掃討作戦をおこなっ

世界遺産　盧山

た。国民党軍の圧倒的軍事力の前で、紅軍は1934年8月井岡山根拠地を放棄し、転戦しながら戦略的大移動をおこなった。1万キロ以上の行軍をしたのち、翌35年10月に甘粛《かんしゅく》省の会寧《かいねい》で紅軍の主要軍団は合流し、陝西《せんせい》省延安を中心に新しい根拠地をつくった。これがのちに有名になった「長征」である。現在、井岡山根拠地内には毛沢東住居跡、革命博物館、合流記念碑、烈士記念塔などの史跡がのこる。

九江の近くにある盧山《ろざん》は、「香炉峰の雪は御簾《みす》を撥《かか》げて看《み》る」と白居易《はくきょい》の詩句で知られる有名な避暑地だ。蒋介石《しょうかいせき》、毛沢東などもかつてはここに専用の別荘をもっていた。

中華人民共和国建国後、盧山は何度も共産党の党内闘争の舞台となった。元国防部長彭徳懐元帥《ほうとくかいげんすい》は、1959年夏廬山でひらかれた中国共産党政治局拡大会議中、急進的路線を強硬に推進する毛沢東に意見書を提出したことで毛沢東に批判され、職務を解かれ、長年政治的迫害をうけたまま、文化大革命中に不遇のうちに生涯を閉じた。

1970年夏、廬山でひらかれた中国共産党第九回第二次中央委員全体会議で、後継者として指名された林彪《りんぴょう》元国防部長、共産党副主席は、国家主席のポストの問題で毛沢東と袂《たもと》を分かつことになった。翌年9月13日、林彪は中国を脱出、旧ソ連に亡命する途中で死亡した。

毛沢東時代が幕を降ろしたいまは、政治の裏舞台も山のリゾートである廬山から海のリゾートとして知られる北戴河《ほくたいが》へと変わった。舞台の変化にも時代の変遷《へんせん》を見ることができる。

山東《さんとう》省

――知名度の低さに悩む経済大省

「８０年代は広東《カントン》を見る。９０年代は山東の天下、２０００年以降は浦東《ほとう》に従え」これは中国で耳にした言葉である。見事にその時々の流れと先進地域を言い得ている。

団扇《うちわ》大に薄く伸ばして焼き上げた小麦粉餅《もち》に自家製味噌《みそ》を塗り、収穫したばかりの葱《ねぎ》を包んで美味《おい》しそうに頬張る日焼けした顔。これが長い間農業省だった山東省のイメージだった。

東部沿海地で黄河の下流に位置する同省は、山東半島が黄海と渤海《ぼっかい》に突き出し、渤海海峡を隔てて遼東半島をはるかにのぞむ。省の中間部は山地となり、西南と西北は平らである。有名な華北平野の一部を形成し、省全面積の3分の1以上も占める魯西南《ろせいなん》、魯西北平野は、黄河が運んできた土砂でできたものである。沂河《ぎが》、京杭《けいこう》大運河などもある。微山湖《びざんこ》など湖は、魯中南山地・丘陵地帯と魯西南平野のあいだに集中しており、湖泊地

帯を形成している。西北部の平野地帯を斜めに流れていく黄河は、その河床が一部の地方では地面より十数メートルも高いので、世にも希《まれ》な「地上河（天井川）」となっている。

中国古代から経済、文化が繁栄していた地域の一つである。沂《ぎ》源《げん》原人の発見により40～50万年前、古人類が生存したことが判明した。春秋末期に儒教を樹立した孔子をはじめ、墨子、孟子《もうし》、諸葛孔明《しょかつこうめい》など歴史に大きな足跡をのこした人物を輩出した。戦国時代に山東と呼ばれるようになったが、周の時代に斉《せい》、魯の国が山東にあったから、のちに山東は「斉魯」とも呼ばれ、略称はいまでも「魯」となっている。

改革・開放路線が制定された1978年、山東省の経済力は上海《シャンハイ》市、江蘇《こうそ》省、四川《しせん》省、遼寧《りょうねい》省の後塵《こうじん》を拝していた。だが90年代にはいってから、同省は突然スパートをかけた陸上競技選手のようにみるみるうちに追いあげ、10年間、毎年2桁《けた》の成長率で成長しつづけ、広東省、江蘇省に次ぐ地位を築きあげた。しかも、この勢いはまだまだ衰えを見せていない。模範的な先進省の広東、江蘇の人々もその躍進ぶりには驚き、相次いで山東を訪れ、その飛躍の秘密を探るようになった。

経済力をもつようになった山東省は、これまではあまり縁のなかった中国共産党の最高指導部である中央政治局と政府の最高機構である国務院にもみずからの代弁者を送りこんだ。これは、経済力の増大による地方の発言権の強化を端的に象徴した出来事だと言えよう。

生産性を大幅に改善させた農業のほか、新興勢力となった地方都市と郷鎮《ごうちん》企業が山東省の発展神話を支えたと言えるだろう。近年、労働集約型の郷鎮企業はかつての飛ぶ鳥をも落とすような勢いを失いがちだが、省全体の経済発展の躍進を力強く支えているのは、青《チン》島《タオ》、煙台《えんたい》、威海《いかい》、濰坊《いぼう》の四つの地区がある山東半島だ。山東半島は経済成長がもっとも速く、機関車のように省全体の経済を牽引《けんいん》する役割を果たしている。青島、煙台には日本企業も進出し

ており比較的に知られているが、威海、濰坊は先進地区のニューフェースといえよう。農業もスケールメリットを狙《ねら》い、どんどん近代化され、農産品の日本への輸出が年を追うごとに増加している。2001年に日本が葱など中国産農産品の三品目に対してはじめてセーフガードを発動したが、その葱の主要な産地がまさしく山東省である。

同省の経済を引っ張るもう一つの機関車が、青島に本社をもつ大手家電メーカー海爾《ハイアル》だ。「中国の松下」と言われる同社は、いまや中国の家電メーカーの代表的な存在となった。

改革・開放初期と違って、家電製品がすでに過当競争の時代に突入したいま、計算高い中国の消費者は価格、サービス、ブランドなどを厳しくチェックする。そんななかで海爾が選ばれたのだから、その裏にはどれほど根強い企業努力があったかは想像がつく。

海爾は従業員が四百余名の国有企業青島冷蔵庫総廠《そうしょう》をその前身とし、1984年に三回も工場長を変えたりして企業の再起を図った。しかし、いずれも失敗に終わり、負債額が膨らみ、給料も支給できないほど窮地に追い込まれた。しかし85年にドイツの技術を導入することで、辛うじて冷蔵庫メーカーとしての地位を確保した。それがきっかけとなり、外国企業の進んだ企業経営ノウハウや技術を積極的に利用し、国有企業から株式上場企業への一連の改革を経て、急成長をとげ、いまや数十の企業を傘下《さんか》に入れ、中国最大の総合家電メーカーとなっている。

英国の「フィナンシャル・タイムズ」で2000年に報じられた「世界でもっとも尊敬されている企業経営者30人」に、アジアの企業経営者は3人入っている。ソニーとトヨタの社長と、海爾の張瑞敏《ちようずいびん》総裁である。これは中国の企業経営者がこれまで受けた最高の栄誉だ。

しかし、海爾をそこまで評価する理由は、むしろほかのところにある。WTO加盟を控える中国では、加盟に熱い期待を抱くと同時に、一種の恐怖感にも襲われている。90年代初期に国民経済の支柱産業として期待されていた自動車産業はWTO加盟前に、すでに外資系から仕掛けられた猛烈な攻勢によって全滅と言ってもいいほど空中分解してしまった。これを見た多くの中国企業が、「狼《おおかみ》が来たぞ」という恐怖心理に陥った。

だが、海爾はWTO加盟を逆に海外進出の敷居を低くした絶好のビジネスチャンスと受け止め、数年前から、企業の戦略を調整して海外市場の開拓と育成に力を入れた。いまやフィリピン、インドネシア、マレーシア、アメリカ、イランなどの国に製造工場を作り、海外に専属代理店ネットをつくり、100以上の国と地域にその製品を輸出している。2000年11月の時点で、海外輸出総額は前年度の20％増の1億2000万ドルにのぼり、米専門誌の「TWICE」の調査報告によれば、米国市場では、海爾製冷蔵庫は小型冷蔵庫のジャンルで販売台数の一位と二位の地位を保っているという。中国国内市場でも販売実績が快走している。

これまで中国のヒーローは毛沢東《もうたくとう》、鄧小平《とうしょうへい》のようにほとんどが政治家だった。しかし、海爾の登場と成功は、中国でも企業経営者がヒーローになれる時代が訪れたことを物語り、21世紀の中国は経済が政治よりさらに重みをもつ時代となるだろうということを示《し》唆《さ》した。

海爾のほかに、海信や在来の企業である青島ビールなど同省を代表する主要企業も快進撃を続け、同省の経済発展を力強く支えた。

省都済南《さいなん》市は、ユネスコに世界自然遺産と指定された泰山《たいざん》の北麓《ほくろく》、黄河の南岸にあり、市名は古代の済水という川の南にあったことに由来する。悠久の歴史をもつ文化都市で、宋《そう》時代の名詩人李清照《りせいしょう》、辛棄疾《しんきしつ》の故郷でもある。工業生産額は省内一位を青島に譲ったが、津滬《しんこ》線などの鉄道がここで合流し、省の重要な物流拠点である。

山東省は昔から豊かな省のイメージがあまりなかった。「闖関東《ツアングアントン》（東北地区へ移民する）」という言葉が代表するように、農民は貧しく干ばつ・水害が多い故郷を離れ、東北と呼ばれる黒竜江《こくりゅうこう》、吉林《きつりん》、遼寧に移住して新天地を求めるという伝統がある。この国内移民現象は、国民の移住を厳しく制限した文化大革命時代でも、中断したことがなく、改革・開放がすすみ、生活水準の向上がみられるようになった８０年代までつづいた。

孔子の故郷である曲阜《きょくふ》は中国古代文化の発祥の地で、春秋時代の後半、東方の政治・経済・文化の中心となり、歴史上有名な「斉魯文化」を孕《はら》み育てた。城内には歴代の皇帝が孔子を祀《まつ》るために建てた聖地・孔廟《こうびょう》がある。大成殿と孔子が弟子たちに学問を授けた杏壇《きょうだん》などがある孔廟は、総面積22ヘクタールの壮大な規模を誇り、北京《ペキン》の紫禁城、泰山の岱廟《たいびょう》とならぶ中国の代表的宮殿式建築の一つとされる。孔子直系の子孫が代々住んだ邸宅である孔府、孔子とその家族専用の墓地の孔林は、孔姓をもつ市民が5分の1にもおよぶこの町の風景となり、貴重な観光資源となっている。近年、孔子への再評価もあって、地元では孔子ブランドの酒やビール、醤油《しょうゆ》などがあいついで生産され、好調な売れ行きをみせている。孔子ブランドによる町おこし作戦が成功しているようである。

農業生産額が中国一を誇る農業省らしく、綿、油料作物、果物の生産量が各省のなかで上位の地位を不動のものとした。白菜、葱などの野菜のほかに、煙台の林檎《りんご》、萊陽《らいよう》の梨《なし》、楽陵《がくりょう》の金糸小棗《きんししょうそう》などブランドとなった農産品も多い。寿光県野菜卸市場は現在、長江より北方で最大の野菜卸市場という地位を築き、南は広東省から北は黒竜江省まで数百の市・県・区が仕入れ担当者を派遣し、ここで毎日大量の野菜を買い入れている。さらに日本、香港《ホンコン》、フィリピンなど二十数カ国と地域にも大量の野菜が輸出されている。

塩生産の歴史が5000年にもおよび、最大の海塩産地の一つと数えられ、黄金の貯蔵量も中国一で、招遠《しょうえん》金鉱など有数の金産地として知られている。88年操業を開始した三山島金鉱は現在、中国最大の規模を誇る。華東地区ではもっとも石炭資源に恵まれ、棗荘《そうそう》炭鉱など大型炭鉱がある。60年代に開発・生産をはじめた石油・天然ガス産業は急速な成長をとげ、同省の主要産業となった。渤海に近い黄河デルタにある勝利油田は黒竜江省の大慶《だいけい》油田につぐ中国最大級の油田である。中原油田のある魯西南、渤海湾、萊州《らいしゅう》湾でも豊富な石油資源が埋蔵され、その開発がすすめられている。油田・天然ガス田のあいつぐ開発により、石油精製業・化学工業の発展もめざましいものがある。斉魯石油化学工業公司はその代表企業といえよう。石炭や石油に恵まれている立地条件を活《い》かして、近年、大規模な発電所があいつぎ建設され、エネルギーも同省の産業の重要な柱をなす。

水深の深い海湾が多く、3000キロ以上の海岸線に20以上の港湾があり、沿海港湾の密度がもっとも高い省である。「東方のスイス」と自負する青島市にある青島大港、煙台港、日照港などがその代表である。青島・煙台～香港・マカオ・日本に直行する国際航路も開設されている。

孔子のほかに、『三国志』に描かれている軍神・諸葛孔明（181～234）、中国最初の軍事著書『孫子兵法』を書いた戦国時代の軍事家・孫武《そんぶ》、「書聖」といわれる東晋《とうしん》の書道家・王羲之《おうぎし》

世界遺産 泰山

世界遺産 孔廟

（321～379、また303～361の説もある）、「顔体」という書体をつくり書道に大きな足跡をのこした唐の書道家・顔真卿《がんしんけい》（709～785）、「蘇辛」と呼ばれたように蘇東坡《そとうば》とならぶ宋の大詩人・辛棄疾（1140～1207）、中国古代もっとも有名な宋の女性詩人・李清照（1084～1151頃）、怪奇短編小説集『聊斎志異《りようさいしい》』の編著者・蒲松齢《ほしようれい》（1640～1715）、生没年不詳であるが秦《しん》の始皇帝がほしがる「不老不死の薬草」を探しに日本の紀伊に渡ったといい伝えられている徐福《じよふく》らが同省の出身である。また『水滸伝《すいこでん》』の英雄たちの舞台である梁山泊《りようざんぱく》も同省にある。

しかし、目覚ましい経済発展と悠久なる歴史文化に対して、同省の知名度はいま一つ。国際社会でいかに早く効果的に認知されるかが、新世紀を迎えた同省が直面する新しい課題である。

河《か》南《なん》省

――市場経済時代に毛沢東《もうたくとう》思想を守ろうとする

河南省の省都鄭州《ていしゅう》市を出て、京深自動車道と呼ばれる国道１０７号線を南へ１２０キロほど走り、さらに東へ曲がると、忽然《こつぜん》と近代的な建物群が現れてくる。

広い通りの両側に、柳、松、柏《かしわ》などの樹木が鬱蒼《うっそう》と茂り、芝生が目に染《し》みるほど鮮やかな緑を見せており、色とりどりの花が咲き乱れている。工場、商店、従業員食堂、図書館、社宅、村民用住宅、オフィスビルが緑のなかに見え隠れしている。街全体がきれいで、すれ違う人々も忙しげだ。

大通りに沿って村の中央に辿《たど》り着くと、高さ6メートルの白玉《はくぎょく》の像が建っている。故・毛沢東の全身像だ。銃を構えた二人の民兵が、雨の日でも灼熱《しゃくねつ》の真夏でも毛沢東像の両側に直立不動の姿勢で二十四時間警備している。

電柱に据え付けられたスピーカーからは、「東方紅」、「大海航行の舵手《だしゅ》」、「団結こそ

力」など革命の歌が聞こえてくる。街のいたるところに、「進歩を遂げるためには毛沢東著作を学ぶべきだ」、「成長するには共産党にしたがっていくべきだ」という大文字で書かれた宣伝文句が見られる。雷鋒《らいほう》、董存瑞《とうぞんずい》、焦裕禄《しょうゆうろく》など1950年代か60年代に宣伝された模範的人物の大きな肖像が目を引きやすい街角に描かれている。

　文化大革命時代の人民公社でよく見られた光景を、ここでは21世紀を迎えたいまでも見ることができるのである。

毛沢東思想の村という別名でも呼ばれる臨穎《りんえい》県城関鎮《じょうかんちん》の南街村《なんがい》だ。例の毛沢東像は毛沢東生誕100周年の1993年に26万元をかけて作られたものである。ちなみにその年の河南省の一人当たりGDPは1867元。全国の各省・市・自治区と比べると下から六番目で、最貧困省の一つに数えられる。そんななかで、805世帯3130人のこの村は1万7800平方キロの面積の舞台で故・毛沢東主席を大いに喜ばせる実績を作った。1991年に村が経営する企業の成功で売上高が1億元を超え、「億元村」という称号に輝いた。97年に売上高が16億元、2000年には20億元を突破した。村民の日常生活に必要な基本的な商品は統一に支給され、家の近くに幼稚園、学校があり、その費用や医療保険などはすべて村が負担する。

かつて毛沢東が夢見ていた豊かな共産主義の雛形《ひながた》である人民公社の理想像が、この地図を探しても見つからないほど平凡な河南省の農村、南街村で実現されたのである。ただ、村の組織は革命理想を思わせる人民公社ではなく、今風の「河南省南街村集団有限公司」である。二十前後の共産党支部、300名近い共産党員に支えられるこの村の次の目標はさらに共産主義的な要素を強めたコミュニティを作ることだ。

鄧小平《とうしょうへい》が提唱する改革・開放に入り、南街村も一時期はほかの農村地方と同じように農地を農民個人に分け、個人主導の経済体制を導入した。しかし、農業を捨て商売に走った村民もいれば、こそ泥を働く者もいた。煉瓦《れんが》製造工場と小麦粉加工工場という村の経営していた二つの工場の経営を個人に任せたが、上納すべき利益を収めなかった。村が混乱に陥った状況を見て、８４年に個人に分け与えた農地を集団経営に集め、公有制経済の道を再び歩みだした。こうして13年間で経済実力を２０００倍も飛躍させたのである。

中国のほとんどの地域と完全に異なる道を歩むことで成功したこの村に、周囲の人々は羨望《せんぼう》の眼差《まなざ》しをむけ、出稼ぎ労働者たちはこの村の正式な村民になるのを夢見ている。文化大革命時代の表現を借りれば、「毛沢東思想の勝利」と言っても過言ではないこの村が所属する河南省は、９９年には一人当たりＧＤＰが最下位から数えて10位となり、９３年と比べ大きな躍進を実現した。しかし上海《シャンハイ》との格差が依然として六倍あり、その差は縮まっていないことから同省の立ち遅れがいろいろなところで指摘されている。

黄河の中流・下流に位置する同省は、省の大半が黄河の南にあるということで「河南」と呼ばれる。北、西、南は太行《たいこう》山、伏牛《ふくぎゅう》山、桐柏《とうはく》山、大別《だいべつ》山の四大山脈に囲まれ、東部は平野である。五岳の一つ中岳・嵩《すう》山《ざん》も同省にある。黄河は一番大きな水系だが、鄭州より東は平野になっているため、土砂が堆積《たいせき》して河床が地面より3～7メートル高いといった世にも希《まれ》な「地上河（天井川）」となっている。

古代の中国は九つの州に分かれており、豫州《よしゅう》である同省は国の中間部に位置するから

「中州」「中原」とも呼ばれていた。鄭州や安陽《あんよう》には殷《いん》の時代の都市遺跡がいまもなおのこっている。中華文化を孕《はら》み育てた地として知られる。

歴史名城も多い。東京《とうけい》ともいう洛陽《らくよう》は九つの王朝の都であったため「九朝の古都」と形容され、「七朝の古都」との誉れが高い開封は、紀元前770年春秋時代に鄭がここに都を置いて以来、およそ2000年の間に七つの王朝がここを首都とした。とくに北《ほく》宋《そう》の首都汴京《べんけい》時代はもっとも栄えた。中国の美術の宝物とされる名画「清明上河図」に克明に描かれているのは汴京時代の開封の栄える様子である。洛陽にある白馬寺は仏教が中国に伝来してから建てられた最初の寺であり、中国仏教の祖庭である。商の都であった安陽には甲骨文《こうこつもん》の発見で世界的に有名になった小屯の殷墟《いんきょ》、つまり殷の遺跡がある。

洛陽の竜門石窟《せつくつ》は、清らかな伊水《いすい》が流れる竜門山の断崖《だんがい》に、北魏《ほくぎ》から宋まで700年の長きにわたって掘られた石窟群である。1キロにもおよぶ石窟は、大同、敦煌《とんこう》とともに中国三大石窟の一つに数えられる。現存する洞窟だけでも1352カ所にのぼり、仏像の数は約10万体。北魏から唐・宋までの歴史、文化、彫刻、絵画、建築、服装、舞踊、医薬、書道、民俗などを知るうえで貴重な存在である。なかでも代表的なのが、則天武《そくてんぶ》后《こう》をモデルにしたといわれる奉先寺の「盧舎那仏《るしゃなぶつ》」である。奈良東大寺の大仏もこの端正で気品あふれる「盧舎那仏」を念頭につくられたといわれる。

禹《う》県の鈞瓷《きんじ》は宋代でもっとも有名な五つの瓷窯《じよう》の一つとされ、宮廷専用の瓷窯である。

世界遺産 竜門石窟

古くから「どんなに財産をもっていても、鈞瓷一つには所詮《しょせん》およばない」といわれるほど有名だ。名品には裏に数字が打たれている。白地に薔薇《ばら》、海棠《かいどう》の花のような鮮やかな紅色、紫色が浮かぶのが特徴である。

　鄭州の西82キロにある鞏《きょう》県、小黄冶《しょうこうや》、大黄冶村は唐三彩《とうさんさい》の名窯である。1970年代にここで唐三彩名窯の遺跡が発見された。緑または藍《あい》、黄、白の三色をもって飾られた唐三彩は、もともと陪葬品としてつくられたものであったが、鮮やかな色と目新しい造形で貴族文化の流行にのって、人気をあつめた。

　鄭州市から約80キロ離れた中国の聖山五岳の一つ・嵩山のなかにある少林寺は北魏時代の495年に開山し、中国禅宗の祖・達磨《だるま》禅師が9年におよぶ座禅を組んだことで知られる名寺であり、禅宗と少林寺拳法《けんぽう》の発祥の地でもある。

悠久の歴史があるばかりでなく、地理的にも恵まれている。鄭州鉄道センターはアジア最大の鉄道センターといわれるように、中国の鉄道網の中心は鄭州にあるといっても過言ではない。南北鉄道幹線の京広線（北京《ペキン》～広州）と東西幹線の隴海線《ろうかい》（連雲港～蘭州《らんしゅう》）がここで交差する全国鉄道網の要《かなめ》であり、鄭州は中国の交通網にもっとも重要な役割を果たしている。二十本以上の鉄道線が鄭州を経由して各地にのびている。

しかし、輝かしい歴史とは裏腹に保守的ムードが強い。50年代以来同省がたどってきた道は決して平坦《へいたん》なものではなかった。毛沢東が提唱する大躍進と人民公社の方針に盲従したため、60年代初期に大量の農民が餓死するという悲惨な事件がおこった。中央政府は人口増加を食い止めようとして計画出産の徹底実施を求めているが、同省の農村部ではそれを有形無実のものにし、人口増加にブレーキをかけようとしなかった。そのため、同省は1997年重慶《じゅうけい》市が四川《しせん》省から分離されてから、人口最多の省となり、四川省にならぶ出稼ぎ「大省」と変わった。人口圧力が大きく、就職難などが社会的問題となり、若い男性は南方へ、若い女性は北京など大都市へ出稼ぎに行く光景が省内各地でみられる。人口の急激な増加に反して、農地は減少する一方で、農業省としての根本が揺らいでいる。

上、中流の取水増加が原因の水不足によって、近年、黄河が干上がってしまう「断流現象」が深刻化している。それも農業省としての同省の将来を大きく制限してしまう。そこで、黄河の慢性的な水不足を抜本的に解決しようとして、水量が豊富な長江の水を引っ張ってくるという雄大な「南水北調」案が注目されている。これは、2003年に貯水を始める湖北省の三峡ダムから河南省鄭州市の黄河まで、85メートルの高度差を利用して480キロの水路を引くという案だが、実現されるまでには紆余《うよ》曲折があると思われる。

西安（古代は長安と呼ぶ）とならぶ名高い古都洛陽《らくよう》は、竜門石窟、白馬寺、『三国志』の英雄関《かん》羽の首塚・関林など名所古跡が豊富で、観光客にも人気が高い。しかし、長年観光資源の有効利用に力を入れず、重工業都市の道を歩もうとする誤った政策をとり、洛陽に中国最大のガラス製造工場と有数の規模で知られるトラクター製造工場が作られた。しかし、厳しい市場競争の中で巨大な国有企業が相次いで赤字企業に陥り、洛陽は負け組の都市に成り下がった。いかにも農業省らしく、タバコ、酒の醸造、紡績が同省の経済を支える三大支柱産業といわれているが、これからの発展が心配される。

中華文化を孕み育てた地らしく、中国歴史と文化に大きな足跡を残した人物が多い。その一人が玄奘《げんじょう》（602〜664）だ。三蔵法師《さんぞうほうし》ともいわれる彼は、唐代の高僧であるために俗称として唐僧とも呼ばれている。唐の太宗《たいそう》時代にシルクロードを経由してインドに赴いたことがある。仏教の教義を中国に拡《ひろ》げるうえで多大な影響を残した。『大唐西域記』などの著述がある。のちにインドに仏教の経典をもとめに行く経緯は明《みん》の小説家呉承恩《ごしょうおん》の手により名作『西遊記』となる。

もう一人は鞏県出身の杜甫《とほ》（712〜770）。李白《りはく》とともに唐代のもっとも有名な詩人である。代表作に「兵車行《へいしゃこう》」「春望《しゅんぼう》」「三吏三別」などがある。

そのほかにも、南宋時代に金の侵略に最後まで抵抗した岳飛《がくひ》（1103〜1142）や清末から民国初期にかけての軍閥で1915年12月帝政を復活し、わずか三カ月で皇帝となる夢が破れた袁世凱《えんせいがい》（1859〜1916）と1989年の天安門事件で失脚した前共産党総書記趙紫陽《ちょうしよう》（1919〜　）がいる。

湖北省《こほく》

——自動車産業に夢をかける

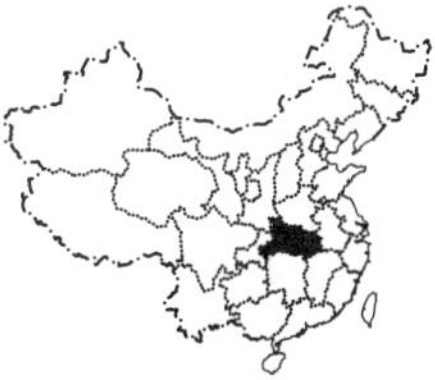

１９６６年は日本のマイカー普及元年だったとされている。当時、日本の一人当たりのＧＤＰ（域内総生産）は１０００ドルだった。２０００年、中国の一人当たりのＧＮＰは８００ドルであり、マイカー普及元年をそろそろ迎えてもいい時期に近づいた。珠江《しゅこう》デルタ、長江デルタをはじめ東部の一部の沿海地域ではすでに一人当たりＧＤＰ３０００ドルを超えている。上海《シャンハイ》あたりではさらに高く、５０００ドルに迫っている。「もはや戦後ではない」という言葉をもじるならば、「もはや発展途上国ではなくなっている」のだ。

日本や韓国の自動車普及の歴史と照らしながら、こうした経済発展の流れを見て、９０年代の半ばのある調査では、２０００年の中国全土の自動車保有台数は４４０万台、年間需要台数は70万台で、２００５年はそれぞれ８５０万台と１２０万台、２０１０年には１５００万台と２１００万台になるだろうと予測した。

自動車を経済発展の柱にしようとする省が中国には多い。鄂《がく》と略称される湖北省もその一つだ。

同省は長江の中流、洞庭湖《どうていこ》の北に位置するため、「湖北省」と呼ばれる。省都・武漢は古くから多くの省をカバーする交通と物流の要衝として機能してきた。省内を105、106、107、207、209号など多くの国道が走る。北京《ペキン》と広州、香港《ホンコン》を結ぶ陸路に、上海と四川《しせん》、重慶《じゅうけい》を結ぶ水路が交差し、水量の多い時期には、上海から一万トン級の船が長江をさかのぼって武漢まで運航する。武漢港は漢口港など多くの港をふくめ、400近くの埠頭《ふとう》を擁し、重慶、上海を終点にする客船・貨物船の定期便が20以上あり、同港を利用する年間旅客数は600万人に迫り、貨物量は3000万トン以上にのぼる。中国で南京《ナンキン》につぎ二番目に大きい河川港である。新築された武漢港客運埠頭は、同時に4隻《せき》の大型客船が停泊することができ、長江最大の客運センターとなっている。

近年、外資を導入して長江に新しい大橋を建設し、国際空港をオープンしたりして、水陸空の交通センターとしての地位を強化しようとつとめている。同省には武漢鉄道センター、襄樊《じょうはん》鉄道センターがあり、とくに武漢鉄道センターは毎日2万両以上の列車の運行を処理する中国有数の鉄道指令センターである。漢丹線は襄渝《じょうゆ》線とつながり、長江上流と中流にある二大都市・重慶と武漢が鉄道で初めて結ばれ、四川省と湖北省との経済や人的交流に大きく寄与するようになった。

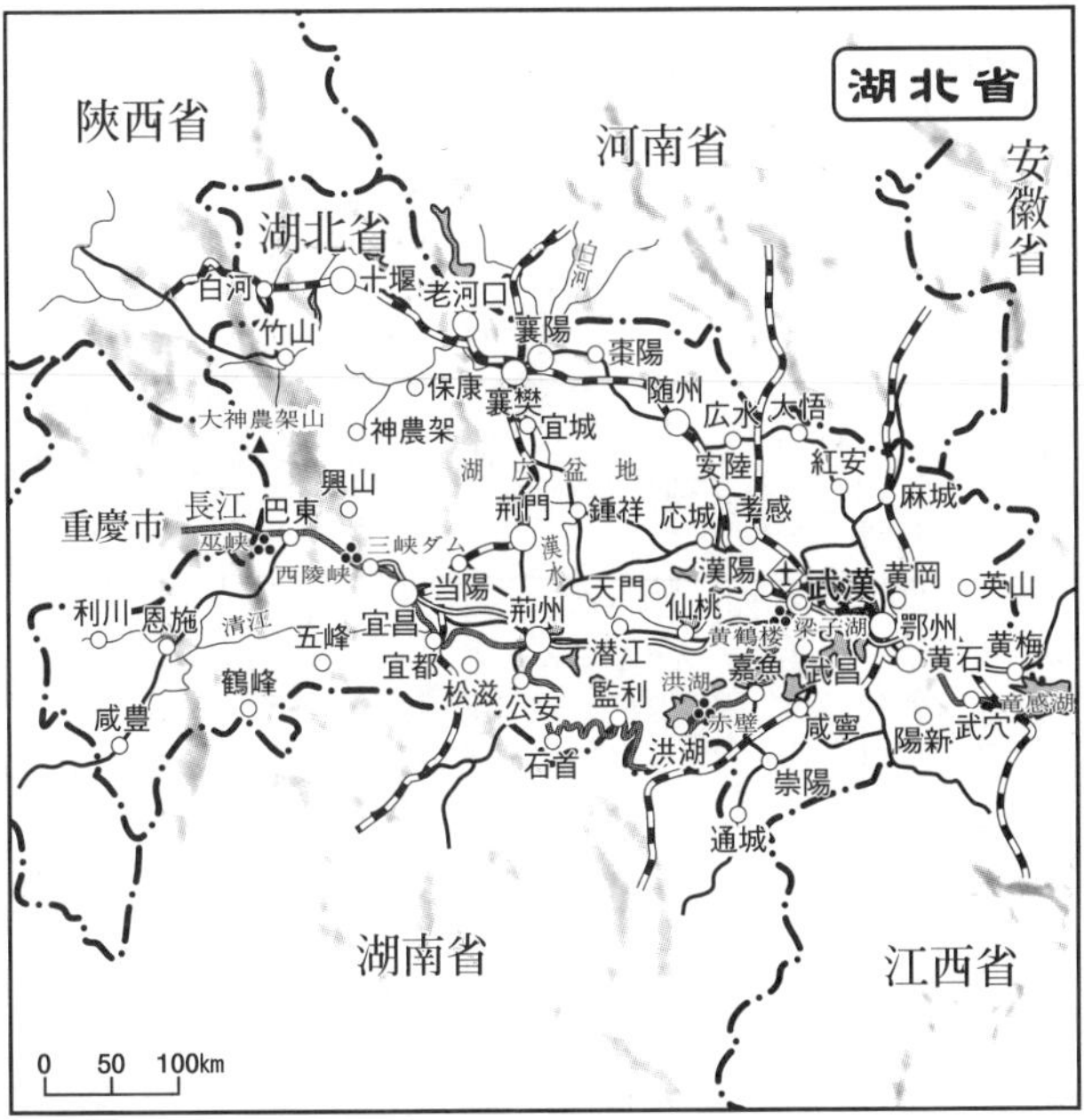

地理的な便のいい武漢は19世紀半ば頃から、英、仏、帝政ロシア、ドイツ、日本の租界となり、近代産業の発祥の地となった。早くから開発が進められた結果、同省は鉄鋼、機械製造、冶《や》金《きん》、造船、自動車製造、紡績などの工業基地であった。葛洲壩《かっしゅうは》などの大規模水力発電所があり、中南地区で最大を誇示する華中電力網を形成し、湖南省など中南地区の省・市に電力を供給しているばかりではなく、華東地区の上海などの工業都市にも送電している。

しかし、内陸地にあるため、改革・開放の波に乗り遅れ、近年地盤沈下が甚だしい。かつてのリーダー的な地位を挽回《ばんかい》するために、同省は自動車産業に再起の夢をかけた。

山間部にある十堰《じゅうえん》市につくられた第二自動車製造廠《しょう》（二汽と略す）は、吉林《きつりん》省長春市にある第一自動車製造廠に対抗するために1969年から建設を始めた自動車メーカーで、主に「東風」ブランドのトラックを作っていた。現在では世界的にも有数の規模を誇る中国最大のトラック製造会社となり、新しい自動車製造基地としての地位を不動のものにしている。この二汽を主体にした東風グループは、トラック一辺倒という局面を打破するために、80年代末から乗用車製造にも力をいれ、1992年にフランスの自動車メーカーのシトロエンとの合弁会社神竜自動車を設立し、2000年に15万台の生産態勢を確立した。「富康」ブランドの軽乗用車は国民車として人気がある。第二期乗用車製造プロジェクトが終われば、年間乗用車製造量は30万台になる見込みである。

95年には、東風グループは15億円を注ぎ込んで襄樊に乗用車開発センターをつくり、さらに98年に日産や台湾の自動車メーカーと提携して合弁会社風神自動車を設立し、日産のブルーバードをモデルにして2000ccの乗用車市場に殴り込みをかけた。

こうして東風グループは十堰市～襄樊市～武漢にかけて中国内陸部最大の自動車産業地帯を形成したばかりでなく、上海フォルクスワーゲン、長春自動車、天津《てんしん》自動車とならぶ、中国四つの乗用車生産基地の一つとしても台頭した。

自動車製造においては中国で一、二を争うほどの実力をつけたが、悩みも大きい。「自動車の都」と呼ばれる十堰市には襄樊～重慶間を結ぶ襄渝鉄道が通じているものの、さまざまな問題によりいまでも複線化が実現していない。209、316号国道が同地域を貫通しているが、山間地帯を走るうえ、路面状態も悪く、大量の自動車運輸に適していない。中型トラックの製造に特化しているため、市場のニーズ変化に柔軟に対応できず、トラックの製造台数が続落している。「自動車の都」は廃都に陥る危険にさらされているという指摘が近年高まっている。

また、乗用車に新天地を求めた東風グループは、傘下《さんか》に神竜と風神という二つの乗用車メーカーをもっているが、その合弁先が完全にライバル関係にあるため、部品の共通性がなく、コストの面においては競争力の強化が難しいと見られる。

さらに、中国全体の自動車消費のブームは期待通りにはあらわれてこなかった。2000年に、年間需要台数が70万台と予測されていたが、実際の消費市場を見ると、2001年の乗用車販売台数は約40万台にしか届かないだろう、とマーケティングの専門家は厳しい指摘をした。

数年前の予測を遥《はる》かに下回るこの結果は、まるで寒波が戻った春先のように、自動車普及元年を迎えようとする気運を大きく後退させた。どうも自動車産業がわが世の春を謳歌《おうか》する時代の訪れはまだしばらく先のことのようだ。消費市場の桜の満開を期待して

世界遺産　武当山紫霄宮

いた自動車メーカーはまだまだ辛抱強くその日の訪れを待たなければならない。自動車産業を経済発展の柱にし、それに夢をかけた同省だが、その夢を実現させるためにはまだまだ道のりは遠い。

　経済の競争では厳しい試練を受ける同省だが、かつては雄を争う三国時代の華やかな舞台であった。いまでも豊富な歴史の遺跡が残っている。五百羅漢の表情が面白い帰元寺や、岳陽《がくよう》の岳陽楼、南昌《なんしょう》の滕王閣《とうおうかく》とならび、江南の三大名楼の一つと名高い黄《こう》鶴楼《かくろう》（以上は武漢）、宋《そう》代の大詩人・蘇東坡《そとうば》が「赤壁賦《せきへきふ》」「赤壁懐古」などの名作を書きのこした東坡《とうは》赤壁《せきへき》（鄂州市）、三国時代の名戦場である周郎赤壁（蒲圻《ほき》県の赤壁山）、三峡のなかで最も長く険しいことで知られる西陵峡《せいりょうきょう》、２０００年の歴史を誇る兵家必争の地である荊州《けいしゅう》古城（現在の江陵《こうりょう》県城）、三国時代のもう一つの名戦場で趙雲将軍が大活躍した長坂坡《ちょうばんは》（当陽）、諸葛孔明《しょかつこうめい》が青年時代に隠居し、劉備《りゅうび》が「三顧の礼」つまり三回もここを訪れその協力を要請したことで有名な古隆中《こりゅうちゅう》（襄陽）などが、有名な観光ポイントになっている。

　豊かな自然もある。省内には神農架《じんのうか》、武当山《ぶとうざん》、荊山《けいさん》などの山々がある。天柱峰を中心に広がる武当山の古建築物群が自然景観にうまく溶け込み、世界遺産に指定された。「魚と米の里」と呼ばれる江漢平原、たくさんの湖が点在する鄂東《がくとう》沿江平原が長江中流部に広がる。主要河川は、長江のほかに漢江（漢水とも呼ばれる）、堵河《とが》、清江、内荊河などがある。湖が多く、同省は「千湖の省」という美名をもっている。面積４２０平方キロの洪湖《こうこ》は同省最大の湖である。

　古代植物の避難所との異称で知られる神農架は、鄂西北の四川、陝西《せんせい》、湖北の三省が交わるところにあり、主峰の神農頂は海抜３１０５・４メートル、湖北省の最高峰である。面積約３２５０平方キロ、原生林のままの自然が残っていて、中国政府から自然保護区に指定されている。古代の名医神農がいろいろな野草を味わって、漢方に使える薬草を探した土地といい伝えられている。近年、野人が出没しているとの目撃情報もあり、研究機関だけでなく、マスコミを含め多くの人々の関心をあつめている。

湖《こ》南《なん》省

――テレビ革命を巻き起こした

中国が改革・開放時代を迎えてから、毛沢東《もうたくとう》の故郷である湖南省は貧乏くじを引いてしまった。貧しい生活に嫌気がさした同省の住民は日銭を稼ごうとして深圳《しんせん》経済特別区をもつ広東《カントン》省に流れ込んだ。中国共産党の領袖《りょうしゅう》である毛沢東、劉少奇《りゅうしょうき》、胡《こ》耀邦《ようほう》、華《か》国鋒《こくほう》をはじめ多くの革命指導者を生みだした栄光ある同省は、まるで一夜のうちに出稼ぎ労働者供給省に陥ってしまったかのようだ。

しかし、かつて革命の狼煙《のろし》を挙げた同省は1990年代の半ば頃に、またもや革命の火種を蒔《ま》いた。中国は言論の統制が非常に厳しい国である。そのため、長い間、国民の意識に大きな影響力をもつ映画、テレビ、新聞、出版などの分野に対して、共産党が厳しい規制を敷いていた。この規制はいまでもさまざまな形で存続している。

市場経済化が進むことによって、まず出版分野では民間資本が現れ、出版市場の一角

に大きく食い込んだ。だが、活字より遥《はる》かに大きな影響力をもつテレビに対しては、これまでどおり共産党による規制がかたくなに維持されている。

こうした局面に湖南省が戦いを挑んだのである。

90年代、同省所属の湖南テレビ・放送メディア公司は「快楽大本営」、「玫瑰《バラ》の約束」などの高視聴率番組を中国全土のお茶の間に送り込み、連続ドラマの「還珠王女」は国内テレビドラマの視聴率の最高記録を作った。テレビ娯楽番組のブームを巻き起こしたと言っても決して過言ではない。こうしてこれまで中央テレビ一社だけが全国ネットを独占していた局面に大きな風穴を開けた。

その成功を見て、昔は政府の予算、８０年代後半からは広告収入に頼り切っていた中国のテレビ業界は、「テレビ番組も商品だ」ということを教えられた。

さらに、湖南省のテレビ局のキャスターやアナウンサーの服装もモダンで、香港《ホンコン》や台湾のテレビの影響を受け、言葉とイントネーションは柔らかく、正統とされてきた中央テレビ調が一掃された。そして、説教調の中央テレビに見飽きた視聴者から熱烈に支持された。９９年後半からは、緊急ニュースの場合、ヘリコプターをチャーターして実況中継で報じるようになった。それも中国国内ではじめての快挙だった。視聴者のニーズに迅速に答えようとするテレビ局側の意識の変化と見ていいだろう。

湖南テレビ業界の躍進は中国では「湖南テレビ現象」と表現されて褒め讃《たた》えられた。この躍進の背景には技術の進歩と市場競争がある。

マイクロ波によって地上波を送っていた中国のテレビは、９０年代初期から、衛星を使って電波を送るようになった。つまりこれまで一地方でしか受信できなかったテレビ番組は衛星という文明の利器によって中国全土で受信できるようになったのだ。この変化は直ちに北京《ペキン》の中央テレビを含む各テレビ局間の競争を激化させた。この競争に勝つために、湖南省は、さまざまな規制に縛り付けられた在来のテレビ局では激しくなる競争に勝てないと判断し、95年に新しいテレビ局を開局させた。湖南経済テレビだ。テレビ局会長の人選も任命ではなく、応募による選抜で決める。運営資金はすべて自分たちで調達し、政府の予算はもらえない。そのかわり、人事や収入に対して政府は口を出さない。そのため、わずか3年で経済テレビは地元の有力なメディアへと成長した。この経済テレビ局を中心に設立した湖南テレビ・放送メディア公司は、99年に深圳証券取引所に上場し、テレビ局は準行政機構というこれまでの常識を打ち破り、企業化の道を歩み始めた。

躍進する湖南省のテレビが中央テレビの独占的地位に敢然と挑戦したことは、中国テレビ業界が嵐《あらし》を迎える革命前夜にあることを教えてくれた。

テレビ分野の躍進で注目を集めた湖南省は、長沙《ちょうさ》市を省都とする。省名は大部分の地域が洞庭湖《どうていこ》の南側にあることに由来する。湘江《しょうこう》が同省内を縦断しているため、略称は湘という。

同省北部に広がる洞庭湖平原と湖北省の江漢平原は両湖平原とも呼ばれ、中国三大平原の一つである長江平原の主要平原部分で河川が多く、流域面積5000平方キロ以上の大きな川が17もある。同省と湖北省にまたがる洞庭湖は江西省の鄱陽《はようこ》湖につぎ中国で二番目に大きい湖だ。古代に湘江流域に芙蓉《ふよう》がたくさん植えられ、唐代の詩人譚用之《たんようし》の詩には「秋風万里　芙蓉国」という名句もあったため、芙蓉国も同省の別称となっている。

中国には「湖広熟、天下足」または「両湖熟、天下足」という言葉がある。つまり、湖南省と広東省または湖南省と湖北省で水《すい》稲《とう》がたわわであれば全国への食糧供給は問題がないというのだ。しかし、毛沢東など大物革命家が輩出した土地柄だけに、古い計画経済時代の考え方に固く束縛され、主要食糧生産基地という地位に甘んじ、改革・開放の先端を走る広東省に大きく後れをとり、広東省の労働集約産業を支える低賃金出稼ぎ者の供給地と成り下がった一面もある。長年、米と真麻の生産高は中国最高という記録を維持し、洞庭湖沿岸一帯も綿花の主要産地で、湘南は総合開発が進み、重要な農産物生産基地になりつつある。しかし、農業が盛んなわりには、一人当たりの土地が少なく、単位生産高も低い。農業を含む経済再起は大きな課題として残されている。

世界遺産　武陵源

　南部は森林面積が比較的多く、８０年代に入ってから23の森林自然保護区をあいついで指定し、森林資源と環境保護に力をいれている。同省西北の大庸《だいよう》、慈利《じり》、桑植《そうしょく》の三県（市）が交わるところに、約４００平方キロの観光区が広がり、張家界《ちょうかかい》、索渓峪《さくけいよく》、天子山、楊家界の四つの区域からなる。ここでは自然の風化と水蝕《すいしょく》作用によって形成された数千の山や峰が千奇百怪の形をなし清流が流れていく。なかでも、国家森林公園に指定され、天然の山水画世界と絶賛される張家界はとくに有名である。張家界は2000以上の石峰がそびえ立ち、見渡す限りの原始林におおわれ、金鞭渓《きんべんけい》などの山渓がそのなかを流れ落ちる。ところが、これほど有名になった張家界は80年代初期まではほとんど知られていなかった。いわば現代の桃源郷である。洞窟《どうくつ》や絶壁が有名な索渓峪、雲海や滝が見物できる天子山もなかなかいい。

古代貴婦人の屍《しかばね》の発見により長沙の名を一挙に世界中に知らせた長沙馬王堆《まおうたい》漢墓、その貴婦人の屍およびその貴重な副葬品を展示する湖南省博物館、毛沢東の生家がある韶《しょう》山沖《ざんちゅう》、南昌の滕王閣《とうおうかく》および武漢の黄鶴楼《こうかくろう》とならんで三大名楼の一つとして知られる岳陽の岳陽楼、宋の儒学大家朱熹《しゅき》が講学した岳麓《がくろく》書院、東晋《とうしん》の詩人陶淵明《とうえんめい》が描いた「桃花源記」で知られる桃源県の桃花源、中国で五岳の一つである南岳・衡山《こうざん》に鎮座する日本曹《そう》洞宗《とうしゅう》の祖庭・南台寺、祝融峰《しゅくゆうほう》などの名所がある。ちなみに五岳とは、東岳の泰山《たいざん》（山東省）、西岳の華山《かざん》（陝西省《せんせい》）、北岳の恒山《こうざん》（山西省《さんせい》）、中岳の嵩山《すうざん》（河南省《かなん》）に南岳・衡山をいう。

同省出身の著名人を二人紹介しておこう。

毛沢東（1893～1976）は、湘潭《しょうたん》の出身。共産党の創立に参加し、1927年農民蜂起《ほうき》を指導し、のちに農民蜂起部隊を率いて江西《こうせい》省の井岡山《せいこうざん》に移動して革命根拠地をつくり、農村から都市を包囲する戦略をとり、35年長征の途上で党内と紅軍内の指導的地位を不動にした。さらに49年、中華人民共和国建国後、党・政・軍の最高指導者の地位を確保してきた。半植民地の中国を立ち直らせた指導者としてその功績は大きい。しかし50年代後半、大躍進、人民公社など一連の急進的な政策を推進したために国民経済に多大なマイナス影響を与え、59年、国家主席を辞任した。それでも神様のように崇拝され、実際に中国の最高指導者であることに変わりはなかった。66年には文化大革命を巻きおこし、中国を大きく後退させてしまった。死去後、その路線は鄧小平《とうしょうへい》によって大きく是正されたものの、中華人民共和国をつくった偉人として、いまだに民衆に大きな名声をのこしている。

胡耀邦（1915〜1989）は瀏陽《りゅうよう》の出身。少年時代に革命に身を投じ、共産主義青年団中央第一書記などを歴任。文化大革命の清算を積極的にし、華国鋒が党総書記を解かれたのち、党総書記に就任。86年に主要都市で発生した民主化運動に対する対応が問われ、積極的に進めていた政治改革も党内の根強い反対に会い、87年党総書記を辞した。89年死去。その死は世界を震撼《しんかん》させた天安門事件のきっかけとなった。共産党高級幹部は死去後ほとんど北京の八宝山に納骨されるが、胡耀邦の墓は江西省の共青城につくられた。

広東省《カントン》

——香港《ホンコン》とともに歩む

深圳《しんせん》や広州ほどの大都市ではない東莞《とうかん》や南海、順徳などの新興都市へ行っても、広東省の豊かさをいやというほど見せつけられる。分譲マンションが建ち並ぶ高級住宅地は、香港に負けないほどの景観を見せている。省内の主要都市の、香港と同じ看板を掲げるレストランでは、香港と同じ料金で同様の内容の食事を楽しむことができる。賑《にぎ》わいそのものも香港に引けを取らないほどだ。

休日になると、香港から深圳への住民の大移動が見られる。夕方に人の波はまた香港へと逆流する。この1980年代初頭から見慣れている光景に、微妙な変化が起こった。90年代初期頃まで、香港から深圳に入る人々はみな大きな荷物を抱えていた。衣料品から家電製品まで、持ちきれないほどだった。

しかし、ここ数年はこうした姿はほとんど見られなくなった。そのかわり、夕方頃香港に戻る人々は野菜や焼きダックなど食品を手にしているというのが、アジア金融危機後は日常的となった。

不動産価格が香港より大幅に安い深圳から香港に通うという早朝の出勤風景も、97年香港返還後はすっかり定着した。

香港と広東省との間には依然として経済格差が存在しているが、かつてほど大きなものではなくなった。

その意味では、鄧小平《とうしょうへい》が推し進めていた改革・開放路線は、広東省に今日の繁栄と経済力をもたらしたと言えるだろう。

79年からはじまる経済改革・開放は同省をスタートラインとした。中国政府が最初に許可した四つの経済特別区のうち、深圳、珠海《しゅかい》、汕頭《スワトウ》（いずれも80年に設立）と三つまでが同省内にある。

香港新界に隣接する深圳経済特別区は、中国の外資誘致、先進技術の導入の窓口となったばかりでなく、電子産業の重要な生産基地にも成長した。1999年には工業生産総額が2037億元で、北京《ペキン》をも凌ぐ存在となった。

さらに、仏山《ふつざん》、東莞、中山など28の市・県からなる珠江《しゅこう》デルタ経済開放区は、これら経済特別区の支えとなって同省の経済発展に大きく寄与し、中国の経済改革に重要な役割を果たしている。

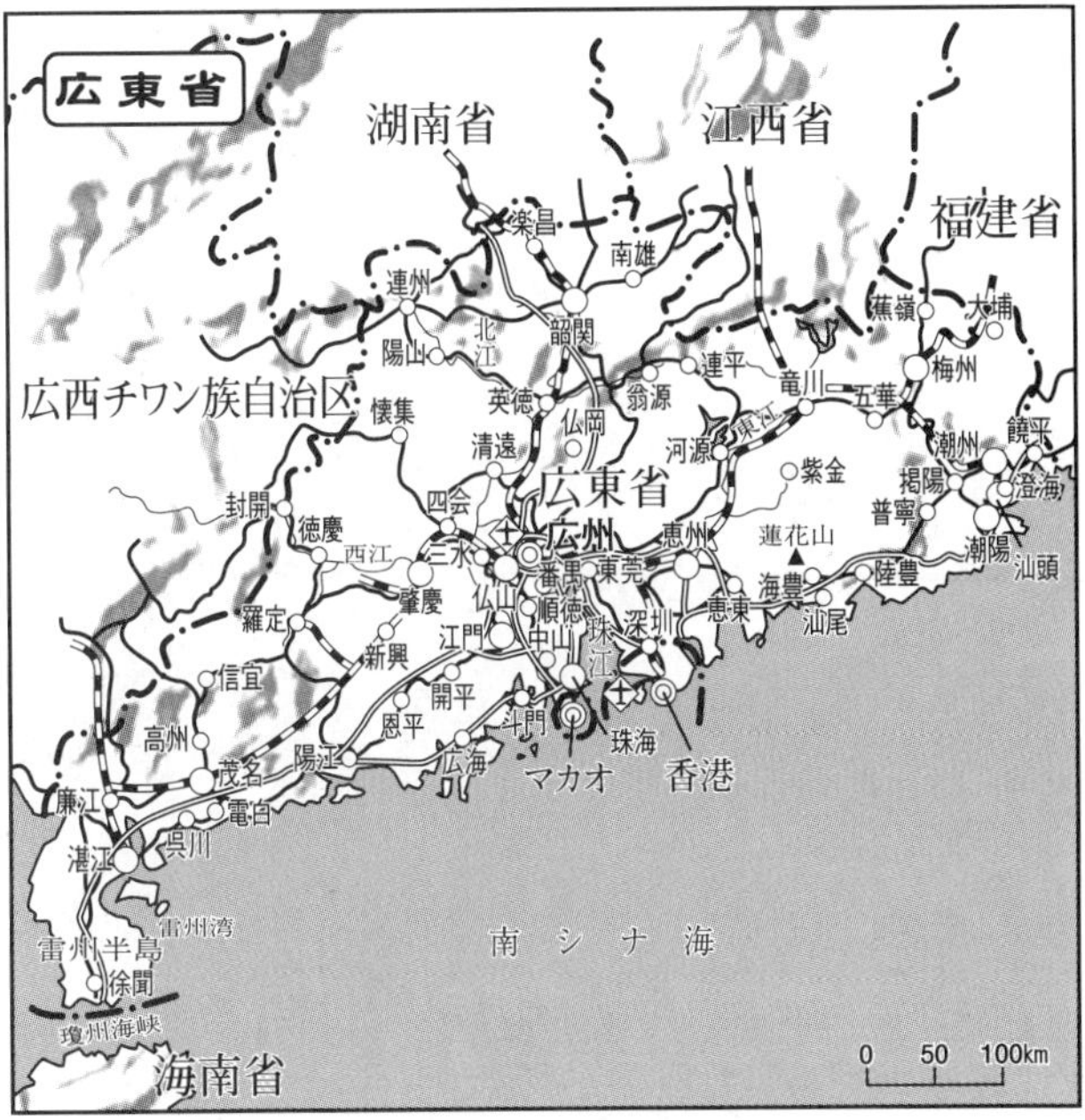

かつては二流省と見られがちであった同省は、現在では中国で屈指の経済力をもち、広州市は上海《シャンハイ》、天津《てんしん》、北京に次ぐ工業都市となった。同省の地位上昇により中国の産業地図は大きく塗りかえられた。80年代初頭の工業力順位は上海、江《こう》蘇《そ》、遼寧《りようねい》、山東《さんとう》、四川《しせん》、黒《こく》竜江《りゆうこう》、広東だったが、90年代初頭には江蘇、広東、山東、上海、遼寧、浙江《せっこう》、四川の順となった。97年香港返還後は、同省の経済的地位がさらに向上し、工業の生産総額は99年に1

兆3944億元に達し、中国一となった。

80年代中頃から広東製の商品が中国全土を席巻《せっけん》し、90年代からは広東資本が他の省・市・自治区へと積極的に進出した。こうした経済活動はその他の地域に経済活性化というプラス効果をもたらした。同時に、一種のバブル現象をも持ち込んだ。

香港からはマイナスの影響を大きく受けた。不動産投資に走り、バブル経済に踊らされた。アジア金融危機の際、同省の代表的な金融会社が倒産したり、銀行は不良債権に苦しんだりした。いまでもまだその影響から完全には立ち直っていない。90年代の半ば頃まで深圳の十大勢力ともてはやされた企業グループは、いまは生き残っているものも旗色は良くない。

一方、内陸部との所得格差が拡大するに従って、政府の優遇政策に支えられて発展を成し遂げた要素が大きい経済特別区型発展の道に対する批判の声が、次第に高まってきた。90年代の半ば頃から、北京の一部の学者から「経済特別区廃止論」が唱えられ、中央からも進出した外国資本に対する優遇措置を廃止し、内国民待遇を与える方向へと政策調整がされている。

人件費が高騰《こうとう》し、政府機関の企業へのたかり行為や役人の腐敗が深刻化し、外資による新規投資も減少している。危機感を募らせた同省は「経済特別区廃止論」に猛烈な反撃を加え、投資環境の改善を図り、外資の新規誘致に必死になっている。

同省は、唐・宋の時代から華僑《かきょう》を海外に送りだす最大の「華僑の郷《ふるさと》」として知られている。世界各地にいる華僑のなかで、広東を祖籍にもつ者は2000万人以上。その分布範囲は100以上の国・地区にわたっている。タイなど華僑が集中して居住する国では、潮州語がかなりの範囲で通用している。

現在、同省内に華僑を肉親にもつ華僑家族は1000万人以上とされる。故郷への華僑の積極的な投資とビジネス活動は、同省の経済振興に大きく寄与している。花県、番《ばん》禺《ぐ》、順徳、潮州、普寧《ふねい》、掲陽《けいよう》、梅州《ばいしゅう》などでは華僑資本の影響力が特に大きかった。

1979年、鄧小平が設置を決めた四つの経済特別区のうち三つを同省内に設ける決断を下したのも、華僑資本の導入と香港、マカオ、台湾との交流の便を考えたからだ。

鄧小平の予想どおり、それ以降の経済発展の歩みも、華僑資本はそれ抜きには改革・開放のスタートを語れないほどに大きなものだった。

経済特別区は、外国の資本、技術、管理ノウハウを吸収して、それを徐々に全国に浸透させていく窓口的役割をもつエコノミック・スペシャル・ゾーンである。東南アジア諸国、台湾にみられる輸出加工区、保税区とは大きく異なり、産業機能のほかに、相当規模の都市機能をもっている。

なかでも、最大の経済特別区となった深圳経済特別区はもっとも凄《すさ》まじい発展ぶりをみせている。経済改革前は一漁村だったにもかかわらず、いまや中国一の大都市上海からも一目置かれる存在となった。改革・開放初期頃の軽工業や加工業から、バブル経済に踊らされた不動産投資を経て、現在は中国有数の電子産業の町となっている。

同省でもっとも豊かな地域とされているのが珠江デルタ。そこの農村企業である郷鎮企業は、広東経済を語るうえで大きな存在だ。90年代初頭に、その総生産高はすでに省全体の工業生産高の3分の1を占め、広東の天下を三分してしまった。

発展がとくに著しい東莞、中山、順徳、南海の四市も、「四つのミニ・ドラゴン」と呼ばれ、その実力は広く認められている。発展のスピードも、かつてアジアの「四つのドラゴン」とされたシンガポール、韓国、香港、台湾の70年代より速い。

珠江デルタの発展を支えた事業が、香港との委託加工貿易だ。これは、海外から来る原材料、加工技術、加工設備の三つに加えて、中国の労働力によって加工生産する方式である。珠江デルタと香港・マカオの企業との提携関係は、香港が商品を販売する店先、珠江デルタないし広東全体はその奥にある工場といったようなものである。

香港の製造業は賃金上昇によるコスト競争力の低下を補うため、工場を珠江デルタに移した。皮革、エレクトロニクス、合成樹脂、玩具《がんぐ》、アパレルなど軽工業、製造業のほとんどは工場を同地域に移転した。この結果、珠江デルタには靴、玩具、カバンなどを生産する「新興工場村」が数多く出現し、地域の経済を大きく底上げし、広東省全体の経済レベルの向上にもつながった。

しかし、90年代半ば頃から、新しい問題に直面した。安い人件費に頼っての委託加工貿易のほとんどは労働集約型産業で、将来性があまりなかった。香港自身もこれまで優位に立っていた在来の産業分野では、急速に競争力を失っていく。コンピュータとインターネットの普及や通信技術の進歩は、オールドエコノミーに縋《すが》り付いている香港に容赦なく追い打ちをかけた。

経済地位の地盤沈下を避けるために、香港は「デジタル香港」を合い言葉に香港の再建に取りかかった。それに刺激された広東省も産業の発展方向を大きく変えようとした。

90年代半ば頃から、海外の情報を早くキャッチできるという利点を活《い》かし、情報通信産業の発展に力を入れてきた。台湾のIT企業の多くが東莞に生産工場を造り、東莞を一大コンピュータ部品の生産基地にしたのも、こうした広東省の姿勢を評価したからである。省都の広州市では、電子産業の将来に照準を合わせ、光通信関連の研究と開発を強化する動きも活発になっている。

香港との対抗意識が直接的に出た上海に追い越されてはいるものの、改革・開放先進省の地位を守ってきた同省は、21世紀も中国経済の先頭を走り続けられるのかという大きな課題に直面している。

広西《こうせい》チワン族自治区

――重い飛び立ちと山水画の世界

広西と聞いて、日本人が果たしてピンと来るのかどうか、はなはだ自信がない。しかし、桂林《けいりん》と言えば、おそらくほとんどの日本人が知っているだろうと思う。

小雨に煙る翡峰《ひほう》のなかを縫うように流れる川、翡翠《ひすい》のような清流に悠然と浮かぶ鵜飼《うか》いの筏《いかだ》、時刻によって変化する倒影を川面《かわも》に映している奇岩怪石、旅の疲れを優しく癒《い》やす南国の植物と心を落ち着かせるしっとりした空気……、この動く画廊のように美しい景色に代表される山水画の世界が広西にある。

2000年以上の歴史をもつ桂林市の市名は、市内いたるところで金木犀《きんもくせい》の木が林となっているところに由来する。典型的なカルスト地帯で、地殻の激しい変動によって石灰岩の海底が突きあげられ、台地となった。それはまた長い年月をへて雨によって浸食され、今日みられるような奇怪千万の形へと変わり、観《み》る者の目を楽しませている。

「桂林の山水は天下に甲たり」という定評がある。ビューポイントは、金木犀の名所である畳彩山《じょうさいさん》、定粤寺《ていえつじ》がある伏波山《ふくはさん》、文字どおりの奇観を呈する象鼻山《ぞうびさん》、地下河が洞窟《どうくつ》となった七星洞《しちせいどう》、大自然の芸術宮という異称をもつ芦笛洞《ろてきどう》、両岸の山水が山水画そのものの漓江《りこう》、「南天一柱」と形容される独秀峰《どくしゅうほう》などがある。鵜飼いもしている漓江を船で40キロほど下ると陽朔《ようさく》に着く。陽朔は山水画に勝る桂林の景色のなかでもさらに優れた景観をみせる。

唐代の詩人・韓愈《かんゆ》が桂林の景色を「江作青羅帯、山如碧玉簪」と詩に詠《よ》んでいる。江は青羅の帯をなし、山は碧玉《へきぎょく》の簪《かんざし》の如《ごと》し、である。

一度は訪ねてみたいこの夢のような世界である広西チワン族自治区は、中国で少数民族が居住する自治区のなかでも緯度が最も低い。

少数民族のなかでも人口がもっとも多いチワン族の約90％が同自治区に居住し、人口がチワン族につぐヤオ族、古い歴史をもつミャオ族など28の少数民族が同居する。同自治区特有の少数民族にはモーラオ族、マオナン族、ジン族がある。うち、ジン族は主に防城各族自治県の巫山《ふざん》など三つの島に住む。そのため、これらの島は「ジン族三島」とも呼ばれている。

チワン族をはじめとするこれらの少数民族は歌や踊りに長じ、刺繡《ししゅう》や錦織《にしきお》りなど手工芸品も得意とする。チワン族は「山歌」とよばれる民謡、チワン劇、チワン舞踊などの独特の芸術文化を持っている。銅鼓、花山壁画、チワン族錦なども同民族の芸術の結晶として知られている。現在、チワン族が使用する言語は、１９５７年から使用を開始した表音文字によるものである。

イスラム教を信じる回族以外は、同自治区の少数民族はとくに固有の宗教を信仰していない。ほとんどの少数民族が地域内の祖先を崇拝し、多くの神を信じる自然信仰である。

省都は南寧《なんねい》市だが、桂林と比べると知名度が低い。だから、同自治区の略称も桂林を連想させる桂となっている。

同自治区は西北から東南へ傾斜して弧形を描くようにつづく山脈に囲まれ、やや長い盆地型の地形である。比較的低い山と丘陵が多いのが特徴である。広西の最高峰は苗児《びようじ》山《さん》で、漓江、資江、潯江《じんこう》の水源地でもある。主に桂南に分布する山々は五嶺《れい》の中の三つである越城嶺《えつじようれい》、都《と》龐嶺《ぼうれい》、萌渚嶺《ほうしよれい》、また十万大山《じゆうばんだいざん》、大苗山《だいびようさん》、大瑤山《だいようさん》などの山々がある。

柳州を中心とする桂中平原などの平原もあるが、平地の面積は比較的小さい。玉林盆地は同自治区内で最大の盆地である。約1600キロにのぼる海岸線があり、多くの港湾がある。台風はあまりない。紅水河、柳江、桂江、左江、右江、郁江《いくこう》（邕江《ようこう》ともいう）、潯江などの河川がある。

溶岩が多く、美しい峰や洞窟をつくり、特に陽朔、桂林一帯は国際的にも有名で、広西にとっては貴重な観光資源である。降水量が豊富で、年間平均降水量は1050～1750ミリ。水資源もきわめて豊かで、紅水河の水量は黄河の約三倍である。

歴史を見ると、宋代に現在の広東省と同自治区を含めた広南路が置かれた。のちに広南路は東と西の両路に分かれ、行政府の治所を広州に置く広南東路、治所を桂林に置く広南西路となり、その略称がそれぞれ広東、広西となった。当時は現広東省の雷州半島、海南島を管轄《かんかつ》した。これは元代に廃止され、湖広行中書省に編入された。明《みん》代に広西布

桂林

政使司が設置され、清代《しん》に広西省となった。そして中華人民共和国建国後の1958年に、広西省が廃止され、現自治区となった。

1851年、洪秀全《こうしゅうぜん》が農民たちを指導して、桂平県金田村で蜂起《ほうき》した。同自治区は、清王朝を倒す太平天国革命のスタート地として知られている。

海外に居住する同自治区籍の華僑《かきょう》は200万人近くにのぼり、華僑の里として、広東、福建につぎ三番目の地位をほこり、マレーシア、タイ、ベトナムなど50あまりの国と地域に移住している。現在、自治区内に80万人以上の帰国華僑が居住している。

自治区首府・南寧市は典型的な南国都市で、緑が多く、市内を邕江が流れ、水運が発達していて、古くは邕州と呼ばれ、1600年以上の歴史を持つ都市である。唐代から同自治区の政治と軍事の中心でもある。現在は、同自治区の最大の工業都市と交通センターである柳州市に対し、南寧市は教育・科学・文化の中心を担《にな》っている。

中国には「湖広熟、天下足」という言葉がある。つまり、広西、広東と湖南、湖北で稲がたわわに実れば全国への食糧供給は問題がないという意味だ。しかし、改革・開放時代の波に乗って、８０年代から大きく躍進した広東とは対照的に、同自治区はいまも中南地区で経済がもっとも立ち遅れ、桂中・柳州・南寧一帯と桂西山間地帯との経済格差も大きい。一部の地方では成人の識字率が50％を割り、労働力の質の低さがめだち、ハイテク産業の誘致に労働力供給の面で大きな障壁となっている。

そういった局面を打開するために、同自治区は産業開放政策、外資の全面活用など新たな戦略を制定した。沿海では軽工業、輸出産業、観光業を主軸とし、国境地域では国境貿易を柱とする第三次産業と鉱産物の加工業を発展させようとねらっている。

隣接するベトナムとの関係改善により、１９９６年に、17年ぶりに両国を結ぶ国境鉄道の二ルートが再開された。これにより、ハノイから北京《ペキン》、新疆《しんきょう》ウイグル自治区のウルムチまで鉄道運輸が可能になり、さらにロシアや中央アジアの国々の鉄道を通じてヨーロッパともつながることになった。

海岸線が長いので、大小１３０近くの港湾がある。新しく開放された北海港は数十カ国・地区の１００以上の港湾と貿易関係を結んでいる。また北海市西85キロの防城港は中国最西部の良港で西ヨーロッパにもっとも近い中国の港湾として脚光をあびている。同港の対外開放は、同自治区の経済促進に大きな意義をもっているばかりではなく、超負荷状態の同自治区および広東省の沿海港湾の頼もしい援軍として大きく期待されている。東南アジア、西ヨーロッパにもっとも近くて便利なことで有名な防城港は、華南地区では黄埔《こうほ》港、湛江《たんこう》港についで三番目に大きい港湾である。南防線と南昆線の建設で、北海港と防城港は雲南省など西南地区の省・市・自治区にとってもっとも近い海の玄関となり、経済が立ち遅れている西南地区にとっては貴重な存在である。

　しかし、輸出産業の育成には時間がかかり、開発資金の不足やインフラの貧弱さなどがネックとなっているため、同自治区の立ち遅れはいまだに根本的には改善されていない。

　いっぽう、悪質な汚職事件が近年相次いで摘発され、別の意味で同自治区の名が中国全土に知れ渡った。経済発展が進む中国では、政府役人の腐敗も進んでいる。だが、広西ではこの腐敗ぶりがとくに目立つ。

　いまでも絶対的な貧困者数が２００万人以上もいる同自治区は、毎年多くの援助金を受け入れている。しかし、これを食い物にする政府役人が多数いる。９０年代には平均して2カ月に一度県長クラス以上の政府役人や共産党幹部が汚職事件で検挙された。日本では国会副議長に相当する全国人民代表大会常務委員会副委員長や副県知事にあたる自治区副主席のような高官までもが巨額の汚職で逮捕されている。〝広西現象〟と呼ばれるほど、腐敗がのさばっている。しかも、こうした犯罪は「一族化」「集団化」「ネットワーク化」の傾向を呈している。

山水画のように美しい世界で繰り広げられる腐敗と犯罪の醜い社会。これをいかに克服して近代化の進んだ社会を築くのかが、広西が直面している矛盾に満ちた今日の重い課題となっている。重い飛び立ちと形容されたその取り組みが中国国内で注目されている。

海南《かいなん》省

——中国の南洋戦略を背負う

空港のまわりには椰子《やし》や畑が広がり、時折、水牛の引く荷車や耕運機が通る。いつもと変わらぬのどかな田舎風景だった。しかし、その静寂さはやがて打ち破られた。

銀色の機体に赤い星が描かれた中国空軍殲《せん》8型戦闘機が海の方から飛んできたかと思うと、慌《あわ》ただしく着陸した。その直後に、大きな機体を揺らしながら爆音を伴って飛来した米軍偵察機も緊急着陸の態勢に入った。気温30度近い蒸し暑さのなか、軍用空港が瞬《また》く間に緊迫した雰囲気に包まれ、武装した兵士が直ちに米軍偵察機を包囲し、まもなく機内に突入した。

飛行場に続く一本道の入り口には、警察車両が止まり、数人の警官が緊張した面もちで警備に当たっていた。

2001年4月1日、世界を驚かせた米中軍用機接触事件が発生した直後、海南省

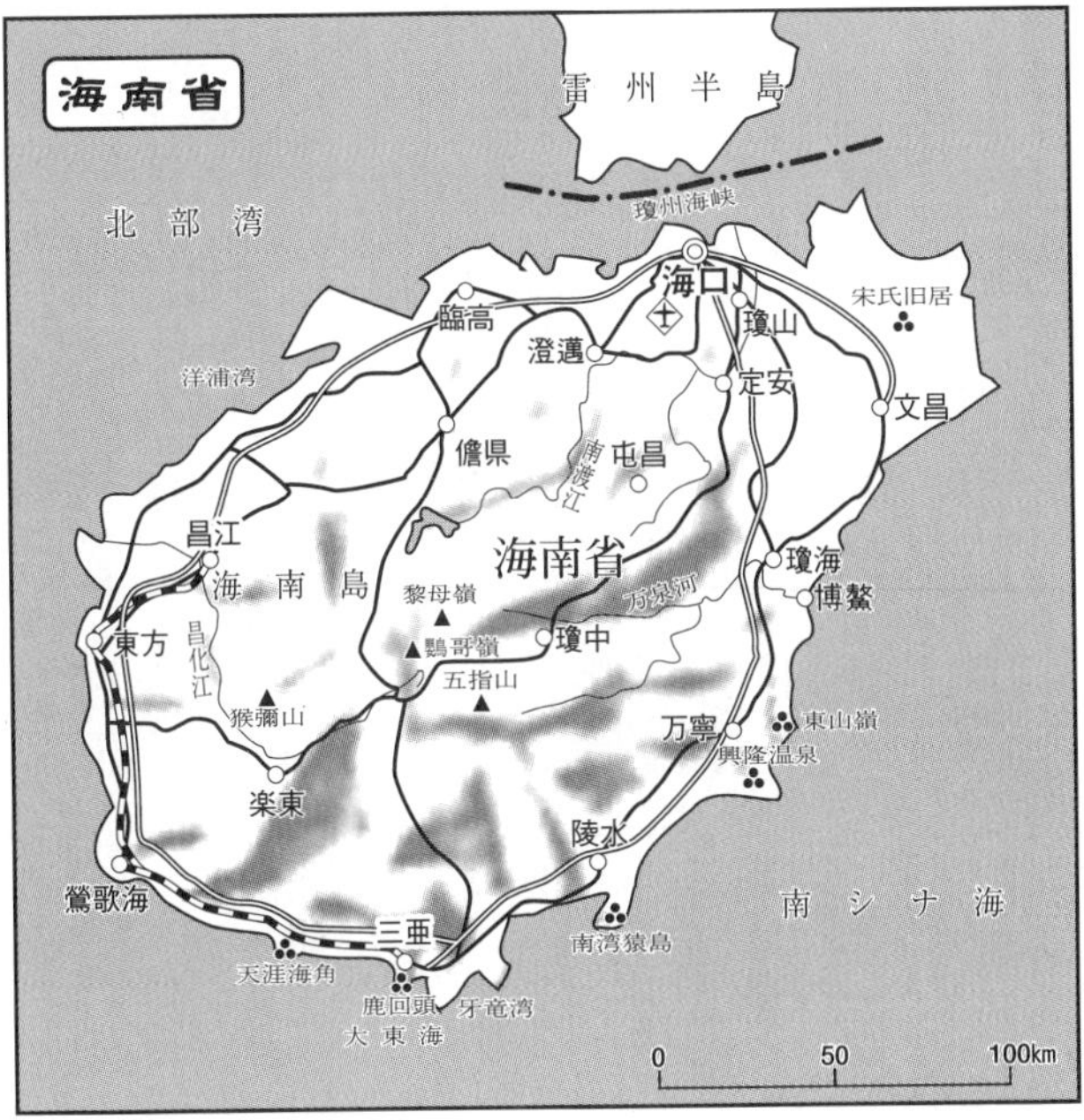

陵水《りょうすい》リー族自治県の市街地から西に約5キロの陵水軍用空港で見られた緊張の瞬間であった。

　中国の南部、南海大陸棚の北端にあり、北は瓊州《けいしゅう》海峡を隔てて広東《カントン》省の雷州半島にのぞみ、西は北部湾を挟んでベトナムと相臨む海南省は、中国で台湾について二番目に大きい島である。1988年4月26日、正式に海南省としてスタートして以来、これほど世界的に注目されたことはこれまでになかったと思われる。

　いまでも多くの人々から

「海南島」と呼ばれる同省は、良質の真珠を産することから、古くから珠崖《しゅがい》との別名で知られている。略称は瓊、省都は海口《かいこう》市。

中心部に海抜１８６７メートルの五指山《ごしざん》と１８１１メートルの鸚哥嶺《おうかれい》がそびえ立ち、まわりは下っていくうちになだらかになっていく。全長３３１キロの南渡江《なんとこう》や五指山に源を発する昌化江、島東を流れる万泉河《ばんせんが》など１５４の河川がある。季節風が強い熱帯気候で、年間平均降水量は２０００~２６００ミリと豊富である。日照時間が長く、気温も高いので、年間数毛作が可能である。

１９４９年中華人民共和国建国後、省に昇格するまでずっと広東省に属していた。楕《だ》円形《えんけい》に近い海南島の南と東南はそれぞれ南中国海と太平洋である。それがその戦略的位置の重要さを示した。現在、行政管轄《かんかつ》範囲は海南島本島のほか、西沙《せいさ》群島、南沙群島、中沙群島とそれらの海域におよぶ。

かつては交通が不便で海島の生活も厳しかったため、古くから左遷《させん》の地や犯人流刑《るけい》の地として知られている。島の一角に「天涯」と「海角」を彫り込んである巨石が立つ名勝があり、地の果てを意味する。宋代の大詩人蘇東坡《そとうば》は三年間もここに左遷されていた。生活苦に追われて、島の住民は古くから海外に移住する伝統がある。

いまは、中国有数の華僑《かきょう》の里となり、海外に定住する海南出身者は約２００万人に達する。その分布範囲はタイ、マレーシア、シンガポールなど53の国と地域におよぶ。省として歩みだして間もない同省にとっては、海外在住の華僑は貴重な国際人脈である。帰国華僑たちが経営する農場なども多数ある。

広東省から分離して省に昇格し、さらに経済特別区にも指定されたが、水道、電気供給、交通、運輸などインフラ基盤が貧弱で発展を阻む要素となっている。このような局面を早く打開するため、洋浦《ようほ》港の開発にみられるように外資の投資に思いきった優遇措置をとったりして、島の改革・開放を遂行してきた。

そのため、ときには激しい抵抗にあったり、島全体が自動車密輸・転売ブームに巻きこまれたりと混乱や一攫《いっかく》千金の夢を見る不動産開発のバブルに踊らされ、紆余《うよ》曲折の発展の道を歩んできた。90年代前半に建てられた建物のなかに、未完成のままで幽霊ビルとなった物件も多い。「爛尾楼《らんびろう》」と呼ばれるこれらの建物にはバブル経済が砕けたあとの爪痕《つめあと》が生々しく残っている。

内地から多くの出稼ぎ労働者が殺到し、町の治安事情が悪化する傾向にあり、開発資金集めに手段を選ばぬ悪質な経済事件が多発し、急激な開発の勢いに法整備が追いつかず混乱がつづく一面もある。また開発のブームに沸き立つ町の雰囲気は内陸地域との好対照をみせ、成長する海南島の強烈な印象を訪れた人々にあたえている。

海南島本島の総面積は3万4000平方キロ。日本の九州とほぼ同じ面積で、中国唯《ゆい》一《いっ》の熱帯気候区に属している地域ということで、中国のハワイと言われている。緯度もハワイとほぼ同じ。市内は椰子やジャックフルーツの木が茂り、人々が抱く中国イメージとはかけ離れた南国の島である。

リー族の居住区に囲まれた五指山、鏡のように山々の影を映す万泉河、「東洋のハワイ」の美名のとおり美しい景色で有名な牙竜湾《がりゅう》ビーチ、目を洗うような緑の椰子林と金色の砂浜が観光客の心を虜《とりこ》にする大東湾ビーチ、蘇東坡がここに流されたときに建てた載酒堂《さいしゅどう》、明《みん》代の高潔な官僚として民衆から愛された海瑞《かいずい》の墓地・海瑞墓、猿の天国とも言える南湾猴島《なんわんこうとう》など、名勝古跡も多い。

省都の海口市と香港《ホンコン》とは飛行機でわずか50分の距離で、南はマレーシア、東はフィリピン、西はベトナムと隣接している。およそ2～3時間でこれらの国にアクセスすることができる。

島内には主に漢族やリー族、ミャオ族などの少数民族が生活しており、文昌地方の方言を標準的な発音とする海南語が広く使われている。少数民族は総人口の16％を占める。古来定住しているのはリー族、ミャオ族、回族、漢族など。リー族は新石器時代から海南島に住みついたもっとも古い住民である。古代の南方民族百越族の血統を引いていると言い伝えられている。16世紀半ば頃、当時の明王朝は海南島の軍事力を増強するために、島外から多くの兵隊を移住させた。その一部は広西のミャオ族、ヤオ族であった。それが海南島でのミャオ族の居住史のはじまりとなった。以降、海南島の住民を表現する言葉に「苗黎《ミャオリー》」というのがあるが、海南島に住みついたミャオ族をさす言葉である。回族の同島での居住史も700年にのぼるという。

風光明媚《めいび》な土地に少数民族という特徴を活《い》かして、リゾート地をめざして開発をすすめ、海南国際椰子祭や海南交易会を開催したり、世界中に分布する海南籍の華僑を味方につけようと海南世界郷団聯誼《れんぎ》大会をはじめたりして、活発に対外PRをおこなっている。

2001年2月下旬、「博鰲《ボアオ》アジアフォーラム」が海南省博鰲で開催された。これはアジア地域の経済情勢などを討論する舞台として、1999年にフィリピンのラモス元大統領らが提唱したものである。海南省政府はこれをスイスに本部のある「世界経済フォーラム」が毎年開く「ダボス会議」のアジア版とうたって、今後毎年の開催を発表している。今回のフォーラムには日本を含む二十数カ国から元政府首脳らをはじめ政財界人、研究者ら約500人が参加。江沢民《こうたくみん》国家主席も出席した。このため、博鰲の知名度が急速に上がり、訪れる観光客も急増している。

いっぽう、海南島周辺の大陸棚は、石油資源の埋蔵地である可能性が非常に高いとして注目されている。現在、すでに開発が進められている北部湾油田、鶯歌《おうか》海《かい》油田は、海南島の西と南にある。海南島と西沙群島の間に位置する南海油田も将来性が高いとみられている。96年に鶯歌海油田から引いてくる天然ガスのパイプラインが島に上陸し、それにあわせて石油精錬所などの大規模企業が構成する重化学工業基地が建設された。それは同省の産業地図を徹底的に塗りかえるだけではなく、南海石油開発が新局面をむかえることをも意味する。しかし、南沙群島の主権を主張する周辺国もあり、南海石油開発にはまだいくつもの波乱が予想される。

南海諸島をめぐる領土紛争がこの地域でのホットな話題である。南海諸島とは、南中国海に浮かぶ200以上の島々の総称である。その位置によって、東沙、西沙、中沙、南沙の四つの群島と黄岩島などに分けられる。そのうち、南沙群島は範囲がもっとも広く、最南部の島は曾母暗沙《そぼあんしゃ》である。西沙群島の永興島《えいこうとう》は面積としては同諸島のなかで最大である。

西沙群島の海域と一部の島で、70年代に中国海軍とベトナム海軍が激しく軍事衝突をおこし、最近ではフィリピンが南沙群島での一部の島の所有権を主張するなど、国際世論も南海諸島に注意をむけている。こうした周辺国がしきりに南沙群島の主権を主張するなかで、中国との間に軍事紛争がおこると懸念《けねん》する声が国際社会に高まっている。

こうした懸念を打ち消すために、中国政府が南沙群島の共同開発を呼びかけたり、周辺関係国の政府当局と南沙群島海域での外国船舶の航海の安全を保証するという約束を発表したりしているので、ただちに軍事衝突がおきる心配はないだろう。しかし、米軍機との衝突事件でこの地域の緊張がやはりクローズアップされた。

中華人民共和国建国後、熱帯農業を発展させる理想的な基地として大量の投資をおこない、農場や林場をたくさんつくった。現在はゴム、熱帯作物の生産基地として、コーヒー、ビンロウ、胡椒《こしょう》、ハハコグサ、サイザル麻、カシューナッツ、ココア、サトウキビ、パイナップル、落花生、胡麻《ごま》などを栽培する熱帯農業が盛んで、南方特有の漢方薬の栽培にも力を入れる。ゴム、椰子等も大規模で栽培している。

産業水準はまだ低い。しかし、石油産業は急速に成長する可能性を秘めており、同省の工業発展の起爆剤になると期待されている。

近年は観光業に力を入れ、２００１年2月15日より海南島本島へ15日間以内の団体観光客に対して、ノービザ制度が導入された。適用対象国は日本やシンガポールなど21カ国となっている。

重慶《じゅうけい》市

——存在感がまだ薄い直轄《ちょっかつ》市

北京《ペキン》に本社をもつ聯想《れんそう》は中国一のコンピューターメーカーである。しかし、２０００年に発売された同社のＰＤＡ（モバイル情報端末）に重大な欠陥が発見された。ＰＤＡにプレインストールされている電子地図を見ると、重慶市の電話のエリアコードは依然として四川《しせん》省管轄下時代の〝０８１１〟のままである。中国では、北京が０１０、上海《シャンハイ》０２１、天津《てんしん》が０２２と、直轄市の電話のエリアコードは3桁《けた》になるはずなのに、１９９７年3月14日に直轄市に昇格した重慶市が０８１１のままのはずがない。さらに都市紹介のところにアクセスしてみると、１９９７年に直轄市に変わったと説明していながらも、重慶市の人口や管轄範囲、観光ポイント、市政府機関に関する情報などはいずれも直轄市時代前の旧重慶市時代のままである。

中国有数のメーカーの商品としては、いうまでもなく許し難い欠陥であるが、ここま

で間違えられてしまうと逆に考えてしまう。直轄市になった重慶市の認知度がどうしてまだこんなに低いのかと。

　重慶市は、春秋時代の巴《は》国の都だった。巴国の最盛期には、その支配範囲は四川省の東部、陝西《せんせい》省の南部、湖北省の西部、湖南省の西北部、貴州省の北部にまでおよんだ。秦《しん》・漢の時代から、この地域はほとんど同じ行政管轄区にあり、同市がずっと行政の中心だった。古くは江州、巴郡、楚州《そしゅう》、恭州と呼ばれた時期もあった。隋《ずい》、唐の時代には渝州《ゆしゅう》と呼ばれたことがある。そのため、渝という略称ができたのだ。1189年に、宋の光宗が先に恭王に任命され、後に皇帝に即位した。これを「二重の慶《よろこ》び」として、恭州を重慶府に昇格させた。以来、重慶と呼ばれるようになった。冬と春は霧の天気が多いので、霧都という別称もある。山の上に築かれた都市なので、山城とも呼ばれる。

長い間、中国では中華文明の揺り籠《かご》は黄河中流だとしていた。しかし、近年、四川省や重慶市での発掘で黄河文明と明らかに系統が異なる文化財が大量に発見され、黄河文明より歴史が古い長江文明が大きく注目されている。巴渝文化の発祥の地である同市もあらためてクローズアップされた。

1929年に重慶市が設立。日中戦争中、中国の臨時首都となった。戦後、南京《ナンキン》が首都の地位を復活したが、重慶は直轄市の地位を保った。1949年中華人民共和国建国後、一時上海などとならぶ中央直轄市として西南地域の政治、経済、文化の中心だったが、1954年1月21日、四川省の管轄範囲に入れられ、行政の中心も成都市に移った。

重慶市の市街区は、南から北へ流れる長江と、西から東へ流れる嘉陵江《かりようこう》の、二つの川に囲まれた半島状の地形の上に乗っている。半島の形は、右向きのガチョウに似ているので、その首のあたりにある公園は鵞嶺《がれい》公園と呼ばれている。長江と嘉陵江は嘴《くちばし》の先で合流していて、長江下りの船はここから出港している。二つの川に抱かれているように見えるので、江城という別名もある。

直轄市昇格後、管轄地域は元の重慶市、万県《ばんけん》市、涪陵《ふりょう》市、黔江《けんこう》地区の43県をカバーし、人口は約３０９０万人（市内人口は２３４万人）。漢民族のほかに、回、ミャオ、トゥチャ族等の少数民族が住んでいる。

西南地区で一番大きな工業都市である同市が四川省から分離されたことは、これまで中国で人口最多の省だった四川省の経済にとっては、相当痛かったはずだ。しかし、秦《しん》巴《は》と武陵《ぶりょう》という二つの国定貧困地域を抱き合わせの形で重慶市に編入させたので、四川省の負担もその分軽くなったと考えられる。

おかげで重慶市は、農村人口が80％で、広大な農村を抱える、直轄市らしくない直轄市となったのだ。直轄市昇格の時点で、管轄下の40の県・区の半数が貧困区域に指定され、３６６万の農村人口の衣食住問題を抱えていた。数年間の努力で貧困問題はある程度改善されたが、肝心な直轄市としての役割はいまひとつ見えてこなかった。存在感があまりにも薄かったので、聯想のＰＤＡ欠陥事件につながったのではないかと詮索《せんさく》される。

ところで、なぜ９７年頃になって、同市を四川省から分離させ、直轄市に昇格させたのか。実は湖北省宜昌《ぎしょう》市三斗坪《さんとへい》に建設する長江の三峡ダムと大いに関連がある。

長江三峡は、重慶市奉節《ほうせつ》県の白帝城《はくていじょう》の麓《ふもと》から湖北省宜昌市の南津関《なんしんかん》までの区間を指し、

三峡ダムの工事現場

同市と湖北省にまたがる名高い観光の名所である。西から東へ瞿塘峡《くとうきょう》・巫峡《ふきょう》・西陵峡《せいりょうきょう》が滔々《とうとう》と流れる大河を呑《の》み込むように航路の先を立ちはだかっており、その険しさで旅する人々を圧倒している。

毛沢東《もうたくとう》はかつてここに巨大なダムをつくることを夢見ていた。そして９２年４月、中国の国会に相当する全国人民代表大会で三峡ダム建設プロジェクトが承認され、９４年12月に正式に着工した。２００３年に、一部発電を開始し、２００９年に全面完成する予定である。発電容量１８２０万キロワットで、原子力・火力を含め世界最大の規模を誇り、年間発電量８４７億キロワットは９３年全国発電量の９分の１に相当する。

湖北省宜昌市三斗坪はダムの建設地となり、そこに堤高１８５メートル、堤長１９８３メートルという巨大な人工建造物が急ピッチで建造されている。流域人口約４億人の長江をせき止めるこの三峡ダムの総工費は、試算では９５年中国の国家歳入の４割強に相当する２５００億元で、まぎれもなく中国近代史上最大の建設プロジェクトである。三峡ダムの建設により水没地はダム上流約６００キロまでおよび、百万単位の人口が移住を余儀なくされる。

三峡ダム建設の決定プロセスや工事品質に対する疑問が根強く残り、さらに環境への影響なども心配され、三峡ダムの建設に反対する人間も少なからずいる。特に学者や文化人のなかに、三峡ダム建設に対する慎重な声が高い。ダム工事が終了に近づくいまでも、水利関係の多くの学者が連名で三峡ダムの潜在的な問題点を指摘し、事前にその対応策をとるよう中央政府にもとめている。アメリカ政府が三峡ダム建設への融資を禁止するほど、世界的にも大きな話題を巻き起こした。しかし、中国政府の強力な支持で工事が着々とすすめられている。三峡ダムの賛否両論に決着がつくまで、歳月の試練が必要だ。いっぽう、水没地域の住民の他地域への移住過程において、共産党幹部の汚職が目を覆《おお》いたくなるほど深刻化し、三峡ダムに絡《から》むもう一つの時限爆弾的な問題となっている。

193キロにおよぶ長江の三峡の絶景は長江下りのハイライトで、景色の美で広く知られる観光地だけでなく、絶景を背景にして三国の英雄たちのドラマが展開され、数々の名詩が詠《よ》まれてきた歴史の舞台でもある。

朝《あした》に辞す白帝　彩雲の間《かん》
千里の江陵《こうりょう》　一日《いちじつ》にして還《かえ》る
両岸の猿声《えんせい》　啼《な》き住《や》まず
軽舟《けいしゅう》已《すで》に過ぐ　万重《ばんちょう》の山

「早《つと》に白帝城《はくていじょう》を発《はつ》す」と題して、唐の時代の名詩人李白が詠んだこの詩は、日本でも広く知られており、まさに雄大な三峡を舞台にして詠まれた名詩である。

こうした景観と歴史に惹《ひ》かれて、毎年大勢の観光客がここを訪れる。しかし、２００３年に三峡ダムが貯水を始めると、長江の水位が上がり、歴史の由緒《ゆいしょ》ある町や名勝地が水没してしまう。例えば、長江の北岸にある豊都《ほうと》は漢の時代に陰と王という二人の道士が修行し、仙人になったという伝説が語られていた土地だが、いつの間にか二人の人名だった陰と王が「陰王」つまり閻魔《えんま》大王と取り違えられ、いまや「鬼城（鬼の町）」として知られる。重慶から長江下りをする観光客が最初に上陸する観光地はたいていここだ。だが、三峡ダムの貯水で鬼の町が本当に人間が住めなくなる町と化してしまうことになる。沿岸の景観が水没により損なわれる前に、三峡の本来の姿を一目見ようと、世界中から多くの観光客が押し寄せ、「三峡さよならツアー」が盛んだ。ほかに唐・宋時代を代表する仏教の石像芸術の傑作「大足石刻」など人気のある観光ポイントもある。

世界遺産　大足石刻

最多の人口を誇る同市は、直轄市になった後、知名度を上げるような明るいニュースがあまりなく、むしろ欠陥工事の橋が崩れ、定員オーバーの渡り船が沈没し多くの死者を出したりして、マイナス印象を人々に与えている。そのためか、同市の存在感がどうも薄い。いまでも同市は四川省管轄下にある一地方都市と受け止められている傾向が強い。その意味では、聯想のＰＤＡが同市を依然として四川省の一地方都市として扱ってしまったといった事件は、起こるべくして起こったという一面があると思われる。

いかに存在感を出していくかが、同市に課された重大な課題だ。

ちなみに、同市の電話のエリアコードは０２３である。

四川《しせん》省

——中国の戦略後方基地

　中国本土と台湾の間は、独立傾向があるとされる民進党の陳水扁《ちんすいへん》が総統に当選したことで緊張関係が続いている。数字の信憑《しんぴょう》性はさておき、ある統計では国民の95%が武力による台湾問題の解決を支持している、と中国のマスコミでは報じている。

　台湾との武力衝突に備え、福建《ふっけん》省など中国の沿海省は大変な状態にあるだろうと思われがちである。だが、実際に水面下で一番準備に追われて緊迫していたのは、意外にも台湾から遠く離れた奥地の四川省だった。

　綿陽《めんよう》市に本社をもつ長虹《ちょうこう》電子グループは、中国本土で最大のテレビメーカーである。しかし、１９５８年に創立されたこの会社にはもう一つの隠された顔がある。中国でも有数の軍需企業という顔だ。中国空軍の主要戦闘機殲《せん》7、殲8、殲8-2に装備されているレーダーは長虹製である。長虹の幹部は、「米軍のF15、F16に装備されているも

のと比べても遜色《そんしょく》がない性能」と胸を張る。台湾との関係が緊張度を増すと、長虹の軍需工場は交替勤務制を復活させ、フル回転でレーダーの製造に取り組むのである。

長虹だけでなく、同省のその他の軍需企業もみな同じように「台湾危機」によって軍需品の緊急生産態勢を敷いた。

このことは、中国の主要軍需基地であるという同省の性格をもっとも端的に示している。

最大の省の一つである四

川省は、中国の中心とも言える長江の上流に位置し、三峡を通じて長江中・下流の各省・市とつながっており、中国の西部地区にとっては重要な交通経路である。省内70％の土地が1000メートル以上の高地で、東部地域は高峻《こうしゅん》な山々に囲まれた広い盆地であり、西部は海抜が急激に高くなった高原と山地だ。沿海部からは遠く離れており、日中戦争時に当時の中央政府は同省に避難した。日本軍も同省までは進撃できなかったのだ。

資源的にも恵まれている。金沙江《きんさこう》、大渡河《だいとが》、沱江《だこう》、嘉陵江《かりょうこう》、烏江《うこう》などの川があり、現在水力発電量は中国一を誇っている。現在は名高い観光の名所である三峡で巨大なダムの建設を進めている。鉱産物の埋蔵量も豊富で、チタン、バナジウムの埋蔵量はそれぞれ世界で現在確認されている総埋蔵量の82％と67％を占める。天然ガスの埋蔵量も全国総埋蔵量の44％に相当する。

中国一の生産量に数えられる農産品が多く、特に約2000年来ずっと都江堰《とこうえん》に守られている成都《せいと》平野（川西平野ともいう）は、水害も干ばつもなく安定した農産業を営むことができる。そのため、同省は昔から物産が豊かな土地として知られ、「天府の国」と呼ばれている。

そういったことを考慮し、中国政府では1950年代から70年代後半まで、戦争に備えるという戦略方針のもと、軍需産業をはじめとする重工業関係の工場を意識的に同省に移転・建設してきた。

特に1960年代半ばから70年代末にかけ、中国政府は国の最優先政策として全国の資金、物質、人材を集中的に投入し、西南・西北地区を中心とする内陸部に軍需産業をはじめ、重工業および鉄道・発電設備などの大型工場を短期間に数多く建設した。これがいわゆる「三線建設」と呼ばれるプロジェクトである。ちなみに、上海《シャンハイ》などの沿海部は第一線、その後方にある腹地は第二線（ミニ三線ともいう）、西南地区のように国防上有利な地勢をもつ奥地は第三線とされる。なかでも四川省は水資源・鉱物資源に富み、内陸部にしては例外的に工業基盤を有するうえ、労働力も豊富であるため、最重点投資・開発地域とされた。

そのため、中国の戦略後方基地とされてきた西南地区でも同省は最強の工業力を擁し、重工業・化学産業の新興基地として脚光をあびている。盆地地域には、機械製造業が集中し、かつて渡口《とこう》と呼ばれたところには新しい鉄鋼の町、攀枝花《はんしか》市がつくられた。成都を中心とした川西では発電設備、電子計器、冶金《やきん》機械、トラクターなどの農業用機械をメインに製造し、自貢《じこう》周辺では軽工業・化学産業関係の機械設備、ボイラー、鍛造設備、土木建築用機械などを製造している。川東気田は中国最大の天然ガス田として開発された。化学肥料の生産量は中国一で、四川ビニール工場は中国初の天然ガスを原料とする大型化学繊維コンビナートである。

しかし、着手したプロジェクトは当初の見積りの甘さや文化大革命による混乱などが原因で、非効率的なものが多かった。中米関係の好転や毛沢東《もうたくとう》の誤った国際情勢の判断に対する批判などもあって、1980年代初期に三線建設の開発戦略は全面的に見直され、改革・開放路線が制定された後に三線建設は完全に歴史から消え去った。

80年代半ば以降、市場経済システムがしだいに導入され、軍需企業を含む大手国有企業の多くは、軒並み経営不振に陥り、民間製品を製造するように経営方針の根本的な転換を余儀なくされた。しかし、立地条件の悪さ、交通の不便さ、従業員の労働意欲のなさ、生産性の低さなどの体制的問題に泣き、長年赤字経営に苦しんだ結果、多くの従業員がリストラされて職場を失った。

生き残りの道を模索するなかで、大手機械工場の「嘉陵機器廠《しょう》」、「建設機床廠」などの軍需産業はほかの国有企業などと連合し、それぞれ日本の本田技研、ヤマハ発動機と提携してオートバイを製造するといった思いきった方向転換を実施した。嘉陵機器廠はアメリカまで進出し、ニューヨークで不動産売買を活発に展開するほどの優良企業となり、現在は嘉陵公司と社名を改めた。重慶にある長安自動車は日本の自動車メーカー・スズキ自動車の協力を得て乗用車生産に社運をかけている。

国有企業は増加する労働人口を吸収できないばかりか、リストラで余剰労働者を放出し続け、そのことが同省の就職事情を悪化させている。一方、人口一人当たりの耕地面積は全国平均を大きく下回っている。人口はもっとも多く、その17%前後が平均所得300元以下の貧困県に居住している。このような悪条件が重なり、同省は膨大な余剰労働力を抱えて、その就職・生活問題に苦しんでいる。そのため、いま中国で有数の出稼ぎ労働者の送り出し地として知られている。

かつて四川省籍の兵隊で構成された軍隊は「川軍」と呼ばれていた。80年代中頃から同省の余剰労働力は、経済成長が速い広《カン》東《トン》省など改革・開放の先進省へと流れ込み、改革・開放時代の新しい現象として世間の注目をあつめ、大きな社会問題ともなっている。今、人々はほかの省の出稼ぎ労働者と区別して、同省の出稼ぎ者を「川軍」と呼ぶ。

いつの間にか、広東省など沿海省に流れた「川軍」は、故郷のGNPを支える大黒柱となり、その副産品として「四《し》川鍋《せんなべ》」と名付けられる辛い鍋料理も中国全土に知られるようになった。経済発展に取り残された奥地のほかの省は、同省の余剰労働力供出は経済を発展させる有効な手段だと評価し、その後ろを追いかける。

しかし、沿海地域との経済格差が増大するなかで、同省は沿海

世界遺産　楽山大仏

世界遺産　都江堰青城山

地域に安い労働力を提供するという地位にいつまでも安住することはできないだろうと判断し、民間企業の育成に精を出している

1982年に設立された私営企業の希望グループは、いまは中国最大の飼料メーカーとなった。しかし、同省を発祥の地とし、一時私営企業の象徴ともなった南徳グループは、社長が金融詐欺《さぎ》で逮捕され、会社も空中崩壊してしまった。民間企業の育成も思うとおりには進まないという一面を見せている。

省都の成都市は、歴史の古い有名な都市で、三国時代に蜀《しょく》の劉《りゅう》備《び》もここを首都とした。同省はまたパンダの主要棲息地《せいそくち》として知られ、数十のパンダ保護施設や保護地域が設けられている。チベット族、イ族など少数民族が居住する主な地域でもある。

多民族が居住する地域らしく、宗教が盛んな土地でもある。「仏教の聖地」といわれる峨眉山《がびさん》には23もの寺院があり、中国の四大仏教の名山の一つである。チベット仏教のラマ教の寺も多い道教の発祥の地としても有名で、古代の水利施設のある都江堰市の青城山天師洞《てんしどう》、上清宮《じょうせいきゅう》、成都の青羊宮《せいようきゅう》、楽山大仏などが知られている。阿壩の九寨溝、黄竜も近年その自然景観で広く知られて

世界遺産　九寨溝

世界遺産　黄竜

いる。

麻婆豆腐《マーボどうふ》に代表される四川料理は、日本人の食卓にのぼるほど海外でも広く知られている。

三国時代の軍神・諸葛孔明《しよかつこうめい》や唐の詩人杜甫《とほ》や李白《りはく》、宋時代の詩人蘇東坡《そとうば》が活躍した舞台である同省は、現代中国を代表する作家巴金《はきん》、郭沫若《かくまつじやく》および鄧小平《とうしようへい》の生まれ故郷でもある。

文化人と政治家に縁の深い土地だ。

貴州《きしゅう》省

——風雨橋と鼓楼《ころう》と最貧困省

うねうねと続く山道を走りに走ると、桃源郷のような世界が見えてくる。

雨に霞《かす》む美しい棚田、ロマン漂う風雨橋、悠久の歴史を静かに語りつづける鼓楼、鮮やかな刺繍《ししゅう》が施された衣装、目も心も奪われる少数民族の情熱的な歌と踊り、囲炉裏の炎を見つめる長老の目、高床式住宅の一階に寝そべる豚、泥濘《ぬかるみ》をまったく気にすることなく闊歩《かっぽ》する鶏の群れ……。

これは多くの中国人が思い描く貴州省のイメージである。

西南地区の雲貴《うんき》高原の東部に位置し、四川《しせん》盆地と広西丘陵地帯のあいだに広がる亜熱帯高原山地が同省の領域である。雲南《うんなん》省高原の延長線上にある黔《けん》西北高原、同省の主体をなす黔中高原、貴州高原から湖南省西部の丘陵へと移っていく黔東高原からなる。

主要山脈には、赤水河《せきすいが》と烏江《うこう》の分水嶺《ぶんすいれい》である大婁山《だいろうさん》や武陵山《ぶりょうざん》、烏蒙山《うもうさん》、苗嶺《びょうれい》などがあ

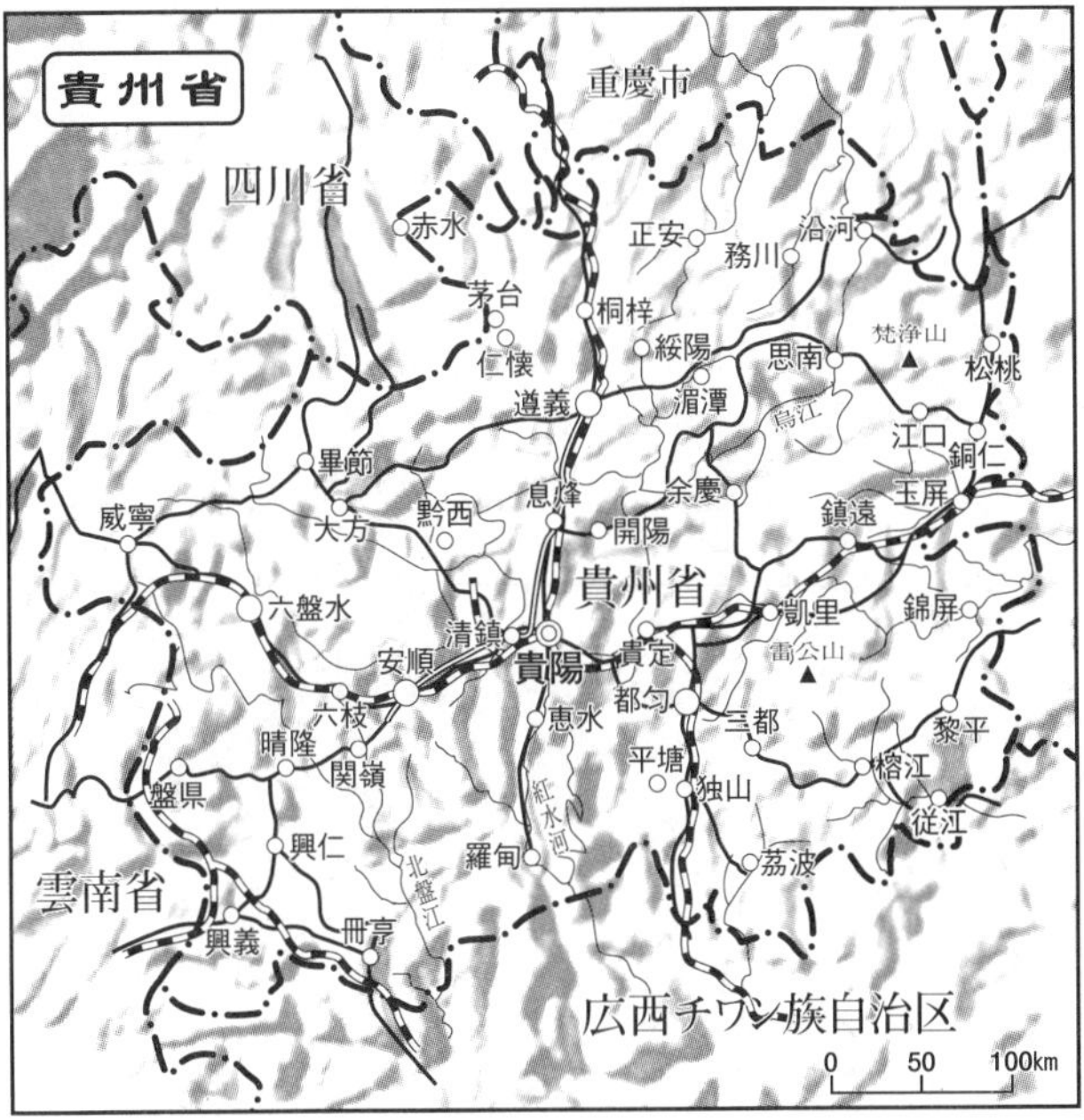

る。流域面積が10平方キロ以上の河川は1000近くにのぼる。苗嶺を分水嶺にして、河川は長江水系と珠《しゅ》江《こう》水系に分かれる。主な川として赤水河、烏江、清水《せいすい》河《が》、南盤江《なんばんこう》、北盤江、都柳《とりゅう》江《こう》などがあげられる。地元では「壩子《パーツ》」と呼ばれる盆地が多く、人々の主要居住地である。

同省の基本的なイメージは山だ。「手のひらの広さの平地もない」と酷評されるほど、平らな土地があまりない。いっぽう、気候は温暖かつ湿潤で、中部は曇や霧の日が多く、年間平均降水量は1200ミリである。そのため、「晴れの日が三日間も続かない」といわれる。この二つは同省を語る際に、避けて通れないキーワードである。

もう一つの特徴は、少数民族が多いということだ。少数民族の主要居住省として、ミャオ族、プイ族、イ族など12の少数民族が総人口の4分の1を占める。

戦国時代には楚《そ》の国の黔中、且蘭《しょらん》、夜郎《やろう》の地であったが、漢代には荊州《けいしゅう》、益州《えきしゅう》に属し、元代には雲南、四川、湖広《ここう》に分属していた。省として設立されたのは清《しん》代であった。同省と雲南省を管轄《かんかつ》した清の武将呉三桂は少数民族の支配勢力・土司を利用して1673年反乱をおこした。呉三桂反乱が鎮圧されたのち、土司勢力も清王朝の圧倒的軍事力によって掃討された。

同省は中国革命史にも一ページをのこしている。1934年国民党政府軍の掃討に負けた紅軍は、江西《こうせい》省の井岡山《せいこうざん》根拠地を撤退し、のちに有名になった長征を余儀なくされた。翌35年1月、貴州省を通過した時、遵義《じゅんぎ》で共産党拡大政治局会議がひらかれ、毛《もう》沢東《たくとう》の指導的地位が確立された。赤水河、烏江は紅軍と国民党軍が激戦をおこなった地としても知られている。

省都・貴陽《きよう》市は、面積2406平方キロ、人口160万人。元代は順元城と呼ばれ、明《みん》代の1385年に拡大工事をおこない、貴陽城の原型を形成した。1569年にもともと恵水《けいすい》にあった程番府が貴陽六府に改められ、以降は貴陽という地名が定着した。ちなみに省都の貴陽の名は雨の日が多く、太陽が貴重だということから由来している。中華人民共和国建国までは工業らしい工業がなく、産業基礎が非常に貧弱であった。こうした歴史的要素もあり、経済水準は現在でも全国平均を大きく下回っており、中国最貧困省の一つである。

６０年代以降、三線建設という国家的戦略によって、大都市や沿海部にあった多くの大手国有企業や軍需産業が同省に移転された。そのため、同省は航空、宇宙、原子力など軍需分野では、優勢を保っている。しかし、交通の便が悪いことや大衆の生活に密接な関係をもつ産業を育てなかったことなどが原因で、同省の経済水準の向上にはそれほど寄与しなかった。

改革・開放時代に入ってから、市場経済の波に押され、民需品の開発と製造で再スタートを強いられる企業も多い。省内の軍需産業や大手企業は外資との提携で活路を見出《みいだ》そうとしている。そのなかで、安順《あんじゅん》市にある中国航空工業総公司は三菱自動車やマレーシア資本と提携して、自動車部品の共同生産の可能性を探っている。しかし、産業の裾《すそ》野《の》となる中小企業や郷鎮《ごうちん》企業、私営企業の育成にはまだ多くの課題がのこされている。

電子技術やバイオ産業を誘致の中心とする国家レベルの貴陽ハイテク技術産業開発区、機械製造業を中心とする貴陽、遵義、安順という三つの省レベルの経済開発区がもうけられたが、省全体の経済活動を活発化させるにはそのパワーだけでは足りないようだ。

　そのため、９０年代にはいってから私営企業の発展を促そうという方針転換を敢行した。しかし、省の主要幹部が悪質な汚職事件をおこしたりして不祥事が後を絶たなかったため、それも期待するほどの効果があらわれていない。近年、輸出産業の少ない同省は観光業を貴重な収入源にしようとして、貴陽を中心に黄果樹《こうかじゅ》滝や凱里《がいり》の少数民族生活区域を見物する観光コースをつくり、観光客を懸命にあつめはじめている。

　省内の観光ポイントとして、三層の美しい角楼・甲秀楼《こうしゅうろう》、抗日戦争中多くの文化人が避難していた場所でもある花渓《かけい》、西安《せいあん》事件で蒋介石《しょうかいせき》を拘束し実力で国民党と共産党との合作による抗日を主張した張学良《ちょうがくりょう》が幽閉された鍾乳洞《しょうにゅうどう》の麒麟《きりん》洞、躑躅《つつじ》の花の群生地、猫《びょう》猫洞《びょうどう》遺跡、古代墓葬、毛沢東の指導的地位が確立された「遵義会議」の開催地跡、山《やま》間《あい》の清流に沿い独特の文化と建築美をみせる従江侗寨《じゅうこうドンさい》鼓楼、黎平《れいへい》県地坪《ちへい》風雨橋などが知られる。少数民族の歌、踊り、花灯など注目される郷土芸能や、蠟纈《ろうけつ》染めなど少数民族色豊かで芸術性の高い民芸品も多い。

　１９４９年の中華人民共和国建国時までは省内にわずか１６７キロの鉄道線しかなかったが、現在は広西チワン族自治区の柳州市に通じる黔桂《けんけい》線、重慶～貴陽を走る川黔《せんけん》線、湖南省株洲《しゅしゅう》と連結する湘黔《しょうけん》線、昆明《こんめい》につながる貴昆線の４本の幹線鉄道のほかに、４本の地方鉄道線がある。交通が同省の発展にネックになっているという認識から優先的に投資をおこない、現在、同省内の鉄道は約84％電化され、中国最高の電化率をほこる。

交通の便が改善されたことで、観光業の活性化に有利な条件を作ったが、知名度はまだ低い。同省の観光地についての紹介が載っていない日本の中国旅行ガイドブックがまだあるほど、交通や観光施設に改善しなければならない問題もたくさんのこっている。したがって、観光産業のより一層の発展にはまだかなりの努力と長い時間が必要だといわざるを得ない。

いっぽう、産業汚染や燃料用の石炭による汚染がすすみ、深刻な社会問題となっているが、水力発電に絶好の条件をそなえる川は多く、将来的に開発の余地は大きい。

経済発展に欠かせない人材を育てるためには教育に力を入れなければならないが、貧困であるうえに、山奥で交通の便が悪いなどの悪条件が重なり、義務教育も山村までは浸透していない。

貴州省といえば、かならずといっていいほど出てくるのが、茅台酒《マオタイしゅ》である。

1972年、周恩来《しゅうおんらい》総理が国交正常化のため北京《ペキン》を訪れた田中角栄首相（肩書きはいずれも当時）を招待したとき、この酒で乾杯した。このエピソードは茅台酒の名を世界中に知らせ、中国国内でも大変な茅台酒ブームが巻きおこった。

仁懐《じんかい》県茅台鎮にある貴州茅台酒廠《しょう》がつくる茅台酒は、中国の典型的な蒸留酒で、火をつければ燃えるほどアルコール度数が高い。文献によれば、2100年前、仁懐一帯でつくられた酒は味がよいということで漢の武帝に賞賛されたという。1916年パナマの博覧会で金賞を受賞したことでその地位を不動のものとした。1979年には中国の最高品質賞の「金質賞」を受賞した。中国政府が催す宴会に使う意味の「国宴酒」にも指定されている。

その名声を利用すべく、茅台酒を飲み干した後の空瓶を利用して偽《にせ》茅台酒を売り、暴利をむさぼる悪質な事件が現在でも各地で多発している。

いっぽう、生活水準の向上にしたがって、多くの人々の飲酒習慣にも変化がおこり、都市部ではアルコール度数が高い茅台酒などの白酒《パイチュウ》が敬遠される傾向があらわれ、同時に洋酒の外国産ウイスキー、ブランデーなどが人気をあつめ、ワインブームも続いている。危機感を強めた茅台酒廠はアルコール度数をおさえた新型茅台酒を開発し、老舗《しにせ》のブランドと地位を守り通そうとしている。

タバコ産業は同省の第二位の産業である。漆の生産高もかつては中国一を誇ったことがある。大方《だいほう》、金沙《きんさ》などの七県は漆の生産基地に指定されている。桐油《とうゆ》（漆の溶剤）の生産高も四川省につぎ、第二位の地位を維持している。

農業の生産手段は立ち遅れており、生産高もそう高くはない。山地がほとんどだが、森林面積は案外少なく、植林もそれほどすすんでいない。天麻、杜仲《とちゅう》、朱砂、金銀花、黔党参《けんとうさん》などの漢方薬材や薬草が非常に有名である。

雲南《うんなん》省

——民族のるつぼ

アジア金融危機の影響で、高度成長が続く中国も景気の低迷に悩まされている。国有企業の相次ぐ倒産と容赦なく進むリストラによって、消費者心理はすっかり冷え込んでしまった。経済を活性化させる切り札として中国政府が考案したのが、大型連休による消費刺激策である。それを「ホリデー経済」と呼ぶ。

2000年5月最初の週は、中国国民が初めて迎えたゴールデンウイークであった。7日間もの大型連休を利用し、多くの人々が家族連れで観光地へと赴いた。「ホリデー経済」の恩恵をもっとも受けたのが、ミャンマーやベトナム、ラオスと国境を接する雲南省だった。

雲南省には五蓮山、高黎貢山《こうれいこうざん》、怒《ど》山《ざん》、雲嶺《うんれい》、哀牢山《あいろうざん》などの山脈や、伊洛瓦底江（イラワディ川）、怒江（サルウィン川）、瀾滄江《らんそうこう》（メコン川）、金沙《きんさ》江《こう》、紅河（ソンコイ川）、珠江《しゅこう》の六大水系に属する大小600以上の川があり、温泉も多い。

気候は多種多様だ。年中春のように温暖だが、雨が降ると冬のように寒くなる地域もあれば、いつもは夏のようだが、雨が降れば秋のようにすごしやすくなる地域もある。さらに、夏はなく、春も秋も短い年中冬のような地域もある。

豊かな降水量のおかげで、「植物王国」「薬草の宝庫」などの異称もあるほど、植物資源は豊富で、植物の種類の多さは中国一を誇っている。天然香料植物だけでも400種近くあり、椿《つばき》、躑躅《つつじ》、百合《ゆり》などの観賞用植物は2100種以上もある。省都・昆明《こんめい》市は海抜1891メートルで、年間平均気温15・1度、「春城」と呼ばれている。省内には22の自然保護区があり、そのほとんどが熱帯雨林を保護する目的で設けられている。

雲南省のもう一つの特徴は、その多種多様な民族だ。民族のるつぼと形容されるようにイ族、ペー族、ハニ族など数十の民族が居住している。各民族間にはある程度住み分け現象が見られる。たとえば、イ族は主に楚雄《そゆう》イ族自治区や哀牢山、小涼山に集中している。ペー族の80%以上は大理《だいり》ペー族自治区に居住する。ハニ族の主要居住地は紅河、江城、墨江《ぼくこう》、元江など川の近くである。タイ族は西双版納《シーサンパンナ》、徳州の二州に固まっている。山頂、山腹、山麓《さんろく》、川辺にそれぞれ違う民族が分居する居住光景もみられる。

少数民族の祭りは、旧暦の正月や3月、4月などの農閑期におこなわれる場合が多い。なかでも、ミャオ族の「花山」、リス族の「賽歌会《さいかかい》」、ペー族の「三月街」、タイ族の

「水掛け祭り」などが有名である。旧暦6月イ族の「松明《たいまつ》祭り」、同9月アチャン族の「会街」なども広く知られている。こうした祭事では、少数民族の人々は歌ったり踊ったりしてその年の恵みに感謝の気持ちをあらわし、翌年の豊作を祈る。そして、若い男女はこれを良い機会にして結婚相手を探す。

　こうした祭りは、同時に少数民族の経済活動に欠かせない存在でもある。毎年の旧暦3月15日に大理でおこなわれる「大理三月街」

大理

は、１３００年の歴史をもち、各少数民族の盛大な物資交易会でもある。参加者は多いときには１００万人以上にもなる。

　雲南省には観光名所も多い。昆明湖とも呼ばれる滇池《てんち》、広大な森林公園の中にある西山の竜門《りゅうもん》、昆明最古の寺とされる円通寺（以上は昆明）、見わたすかぎりの奇岩が織りなす絶景の路南石林《ろなんせきりん》、鮮やかな民族衣装を纏《まと》ったペー族の少女たちと大理の三塔寺、日本の文化のルーツともいわれる照葉樹林文化の典型である西双版納、標高５５９６メートルの玉竜雪山《ぎょくりゅうせつざん》とその麓《ふもと》に広がるナシ族の村など、いずれも人気の高い観光ポイントだ。

　燦々《さんさん》と輝く南国の太陽に照りつけられた照葉樹林と目に染《し》みるような山々の緑、鮮やかな衣装に身を包んだ少数民族の少女たち、南国の民らしく明るく開放的な少数民族の歌と踊り……、これらが醸《かも》し出す快活な雰囲気は、海外旅行の機会に恵まれない一般の人々にある種の異国情調に近い感銘を与え、虜《とりこ》にしてきた。さらに日帰り旅行で隣国のミャンマーやベトナムにも足を延ばすことができる。

ナシ族が多く居住している人気の観光地麗江《れいこう》には、トンパ（東巴）文字を研究する東巴文化研究所や博物館があり、売店ではトンパ文字を刺繡またはプリントしたお土産品などが売れている。

これらの要素が大きな魅力となって各地から観光客を引き寄せた。大型連休にもなると、雲南省行きの飛行機はまるでシャトルバスのように深夜まで往復を続ける。世界文化遺産に指定された麗江辺りへ行くと、その中心地は観光客で溢《あふ》れんばかりである。

雲南省も豊かな自然と多民族文化をセールスポイントとし、「昆明花博」を催したりして、旅行業を経済発展の中軸に据えている。飛躍的に発展する観光業と盛んになる一方の国境貿易の需要を満たすために、高速道路の整備も進んでいる。昆明からミャンマーまで約1000キロを結ぶ自動車道も完成している。航空便では名古屋やミャンマーの首都ヤンゴンや香港《ホンコン》に飛ぶ国際便のほかに、北京《ペキン》、上海《シャンハイ》、広州《こうしゅう》、桂林《けいりん》など多くの大都市へも定期便が飛んでいる。国境地帯の西双版納や麗江、大理などの地方と昆明との間は空路で結ばれている。ミャンマーに通じる鉄道・滇緬《てんめん》鉄道の建設も急ピッチで進めら

世界遺産　麗江の古い街並み

れており、それが完成すれば、さらにインドにまで鉄道をのばす予定である。

豊かな沿海部に比べると、雲南省が属する西部地域は貧しく立ち遅れた印象がある。しかし実際には、西部地域のなかで雲南省はずば抜けて恵まれた環境にある。

同省出身の華僑《かきょう》はミャンマー、タイなど60以上の国・地区に分布し、経済発展に取り組む同省にとっては心強い海外人脈である。省内には帰国した華僑が中心となっている農場などもある。

さらに国境地帯に位置することも同省の強みである。1980年代後半から、多くの国境地域が外国人に開放された。辺境貿易と呼ばれる周辺国との国境貿易が年を追うごとに規模を拡大し、周辺国や東南アジア諸国との関係も大々的に強化され、昆明にはタイ、ラオス、ミャンマーの総領事館が開設された。国境貿易を通じ、同じメコン川流域にあるラオス、カンボジア、ベトナム、ミャンマー、タイとの物流も活性化している。

２０００年、同省では国境貿易による収入が約30億元に達した。新しくできた雲南〜ミャンマー自動車道は、同省の経済を支える大動脈となりつつある。インドネシアと雲南省を中心とする「拡大メコン地域」は、ＡＳＥＡＮにかわる新しい投資先、市場に位置づけられ、多くの外国企業や金融機関から熱い視線を注がれている。そんななかで同省は熱心に「昆明交易会」を開催し、外資を積極的に誘致している。

しかし、改革・開放の副作用ともいえる問題も次第に深刻化してきた。ミャンマー、ラオス、タイ三カ国の国境が交わるところに、俗に言う黄金の三角地帯（ゴールデン・トライアングル）がある。国際麻薬製造・販売グループがそこを拠点にして、大規模な麻薬栽培・加工・販売をしている。国境貿易が盛んになるにつれ、麻薬製造・販売グループは雲南省を新しい麻薬密輸送ルートとして利用し、同省の一部の地域では、深刻な麻薬問題に直面している。

一方、ベトナムに隣接する地域では、ベトナムから拳銃《けんじゅう》や自動小銃など大量の兵器が流れてきて、麻薬密輸・密売グループの手に渡り、犯罪が日増しに凶悪化している。平遠街のように町全体が麻薬犯罪に走ったというところもあり、取り締まろうとした地元の警察当局が、一大勢力となった犯罪グループを前に、手も足も出なくなってしまったほどだった。

1992年、中国政府は麻薬撲滅のため、平遠街で大規模な麻薬掃討作戦を極秘に展開した。李鵬《りほう》首相（当時）が自ら総指揮を担当した。掃討作戦に参加した解放軍、武装警官は3万人に達し、装甲車など重装備の兵器も投入された。軍事衛星でこの動きをキャッチしたアメリカは、中国とベトナムとの国境地帯に大規模な軍事衝突の危険があると勘違いして、慌《あわ》てて情報を公表したという。

このエピソードからもわかるように、同省で展開された麻薬取り締まり作戦は、米軍事当局が勘違いをするほど規模の大きいものであった。それは逆に麻薬汚染事情の深刻さを浮き彫りにした。

しかし、これほどまでに力を入れているのに、同省の麻薬取り締まりは依然として厳しい状況にある。現在でも麻薬中毒者の治療や国境地域での取り締まりに多くの人力や予算を注ぎ込んでいるが、麻薬汚染は依然として進行している。同省にとって、麻薬取り締まりは21世紀に持ち越された重大な課題である。

チベット自治区
――憧《あこが》れのメッカ

机の上に三枚の写真がある。チベットで乱獲されたカモシカの写真だ。

皮を剝《は》がれ、角を切り取られた無惨《むざん》な姿のカモシカの死体が荒野のど真ん中に無造作に捨てられている。心臓が痙攣《けいれん》を起こすほどのショックを覚えた。写真から無言の怒りが静かに伝わってくる。カメラのレンズが捉《とら》えた雄大な自然と人間の欲望に、思わず言葉を失った。

近年、中国で行われたアンケート調査で、いま一番恰好《かっこう》がいいと思われていることはチベット旅行だという。この調査からもわかるようにチベットは中国国内でも人気の観光地となっている。

同自治区は「世界の屋根」といわれるヒマラヤ山脈の北側に位置し、平均標高4000メートル以上。主に四つの地域に分かれている。昆崙《こんろん》山脈や唐古拉《タンクーラー》山脈などの山脈の

間にある牧畜地の蔵北《ぞうほく》高原。海抜が比較的に低く、チベットの主要農業区である蔵南谷地地域。雪山の頂上には万年雪をいただき、山麓《さんろく》には四季緑が絶えない蔵東高山峡谷地域。そして、世界最高峰のチョモランマ峰（英語名エベレスト）があり、世界の屋根ともいわれるヒマラヤ山地地域である。

チョモランマの標高は、これまで8848メートルとされてきたが、1999年11月11日に発表された最新の測量値によって約2メートル高いことがわかり、新しく8850メートルに改定された。

主要河川には、世界最高海抜地帯を流れるヤルンザンボ川、怒江（サルウィン川）、瀾《らん》滄江《そうこう》、金沙《きんさ》江《こう》などがあり、湖も1500以上ある。うち、チベット語で「天湖」という意の納木錯《ナムツォ》湖は標高が4600メートルもあり、中国でもっとも高い所にある高山湖である。

自治区首府・ラサ市は、面積2万7000平方キロで人口40万人。チベットの政治、文化、仏教、交通の中心であるラサは、チベット語で「極楽」を意味し、チベット族の民にとってこの世の極楽浄土であるとされている。

ジェームス・ヒルトンの小説『失われた地平線（*Lost Horizon*）』も、チベットを高原の奥地にひっそりと隠れた桃源郷として描いている。チベットは「シャングリラ」と形容されることが多いが、これはサンスクリット語で《理想郷》という意味で、ジェームス・ヒルトンの小説に登場した謎《なぞ》のラマ教寺院「シャングリラ」にちなんで命名されたものだ。

　漢民族文化とは異なるチベット族の独特の文化と近代化されていない現地民の生活スタイル、そして海抜4000メートル以上の「秘境チベット」の景色は人々を魅了してやまない。2000年、海外からの観光客は13万人に達した。

　宗教に対する関心が高まっていることも、多くの人々の目をチベットに向けさせたもう一つの重要な要素である。

チベット仏教はラマ教ともいい、仏教の一流派である。

7世紀前期にチベットを統一したソンツェン・ガンボ王は、妃《きさき》として唐からむかえた文成公主とネパールからのプリクチ王女（ツーゾン公主）の影響で仏教に帰依《きえ》し、それまでの在来の宗教であるボン教に仏教をとりいれ、チベット独自の仏教・ラマ教を樹立した。チベット族がその信仰人口の96％を占める。

現在、世界遺産にも指定されている大昭寺（チョカン寺）は、文成公主が持参した釈《しゃ》迦牟尼《かむに》像を祀《まつ》るために建てたものである。

時を経るにしたがって、ラマ教はニンマ派（紅教）、サキャ派（花教）、カギュ派（白教）、ゲルク派（黄教）などの教派に分かれた。なかでも15世紀以降、ゲルク派はその他の教派を圧倒する仏教勢力に成長し、18世紀半ばごろからチベットの行政権を握るようになった。

ダライ・ラマとはモンゴル語で「知恵が海のように広くなにもかも包みいれる大師」の意。行政権を掌握して以来、ダライ・ラマはチベット政治・宗教の最高責任者となり、チベット族の精神的領袖《りょうしゅう》として絶大の威信をもつようになった。

ゲルク派からは歴代のダライ・ラマや、さらにのちになって、パンチェン・ラマが出ることになる。チベットは浄土と見なされ、観音がそこで説法したという伝説も民間で

世界遺産 ポタラ宮

は広く言い伝えられている。また、ダライ・ラマは観音の化身、パンチェン・ラマは阿弥陀仏《あみだぶつ》の化身と信じられ、ともに転生すると信じられた。

ラサはチベット仏教の聖地とされる。市内の北部の丘の斜面には、宮殿と霊廟《れいびょう》、仏殿、経堂などからなるポタラ宮がそびえ立ち、チベットのシンボルとなっている。文成公主が持参した釈迦牟尼仏のために建てたチョカン寺、1901年河口慧海《えかい》が修行したというセラ（色拉）寺、レボン（哲蚌）寺などがあり、巡礼の道となっている。

祈禱大法会《きとうだいほうえ》は、チベット仏教のもっとも重要で盛大な宗教祭典である。また、チベット族には、ラサの大寺院を巡礼する宗教的習慣があり、信者たちはラサをめざして、各地から経文を唱えながら全身を地面に投げだし、祈りながら地を滑りすすむ。このような「五体投地《ごたいとうち》」の祈禱儀式を敬虔《けいけん》に守り、それを繰りかえしながら気が遠くなるような長い巡礼の旅をつづける。

ダライ・ラマは、17世紀の第5世以来、第14世のテンジン・ギャツォが1959年に中国の解放政策によってインドに亡命するまで、代々ラサのポタラ宮に住み、政治、宗教の両面からチベットを支配した。

しかし、シャングリラと見られがちなチベットは、実際には非常に今日的で複雑な問題を抱えている。これは宗教や民族、ないし独立と多岐に絡《から》み合い、チベットの不安定要素となっている。問題は1950年代初期に遡《さかのぼ》る。

チベット当局と中国共産党が1951年に締結した「チベットの平和的解放方法に関する協定」では、チベットの地方自治とダライ・ラマの維持を認め、自治区準備委員会を発足させた。

当初チベットの宗教界や政界は中央政府と協力する政策をとっていたが、以後、チベットでの「改革」が性急に推し進められ、住民の反中国感情が爆発し、1959年に首府のラサで暴動が発生。反撃に出た解放軍が圧倒的軍事力でラサを制圧した。

ダライ・ラマ14世はインドへ亡命し、北インドのダラムサラに亡命政権をつくって、今日に及ぶ。長い間、反中国運動のシンボルと見なされ、89年にはノーベル平和賞を受賞している。

一方、ダライ・ラマ14世がインドに亡命した後、61年に土地改革が推進され、65年9月にチベット自治区が成立した。しかし、文化大革命中は過激な政策により大規模な寺院破壊がおこなわれ、チベット族住民に大きな精神的傷跡をのこした。だが80年代前半から、当時の胡耀邦《こようほう》総書記のイニシアチブによって開始した一連の宥和《ゆうわ》政策は、こうした傷跡を癒《いや》すのに大きな成果をあげている。

現在、ほとんどの寺院は修復され、チベット族の文化を発展させるために、チベット民族学院付属民族研究所など八つのチベット学の専門研究機関も設立された。四つの大学のほかに仏教学院などがあり、2万6000人の研究者たちが活躍している。チベット族の歴史をかたる長編詩「ケサル」や、1600年の歴史をもつチベット医学、薬学なども整理・出版されている。

ところが、80年代後半、ラサでは独立要求デモや騒乱がたびたび発生し、89年、チベットで中華人民共和国建国後初の戒厳令が敷かれ、武力鎮圧という事態にまで発展した。デリケートな少数民族との融和問題を文化大革命時代に見られたように長い間過激な「革命」政策で強硬に解決しようとしたつけがまわってきたのである。92年には建国後初の「中央民族工作会議」が開かれ、チベットを含む少数民族と民族地区の経済発展、自治制度の充実などを呼びかけ、少数民族政策に柔軟な姿勢を見せはじめた。

90年代に入ってから、ダライ・ラマは中国と会話によってチベット問題を平和的に解決する意向を強調し、特に９７年香港《ホンコン》返還後、香港の自治を保証する「一国二制度」の方法でチベット問題を解決するよう、中国政府に呼びかけている。中国政府はいまのところ、それに積極的に応じる姿勢は見せていない。

改革・開放の波はチベット高原にも打ち寄せ、中央政府は分離・独立運動を断固鎮圧する姿勢を保ちつつも、住民の生活水準の向上や経済発展に力をいれ、チベットの安定化をはかろうとしている。川蔵《せんぞう》（四川《しせん》〜チベット）、新蔵（新疆《しんきょう》〜チベット）、青蔵《せいぞう》（青海〜チベット）、中国〜ネパール自動車道を開発の中軸に、拠点式の経済開発を加速させ、ラサおよびチベット第二の都市である日喀則《シガッエ》を全自治区の経済的な中心とし、昌都を新しい成長都市にしようという目標もたてられた。

狙《ねら》いどおり、経済はある程度の発展がみられ、住民の生活水準も向上している。首府ラサと自治区内の各県をむすぶ道路網が整備され、国内各地と繋《つな》ぐ４本の自動車道以外にも、成都《せいと》、西安《せいあん》などへの空路が開かれている。ネパールのカトマンズへは国際線や通称ヒマラヤハイウェーがのびている。ゴルムド〜ラサのパイプラインが敷設《ふせつ》され、ほぼ自治区の石油需要を満たしている。

観光ブームもチベット族の人々に現金収入を得るための新しい手段を与えた。チベット内各地では、観光を新しい産業にする動きが出た。ラサの東３６０キロの錯高湖には外国人観光客が宿泊するための観光村までができ、外国観光客の誘致に力をいれている。

しかし、分離・独立の火種は依然として燻《くすぶ》っている。都市部では度重なる弾圧を経て、めだった分離・独立運動はできなくなったものの、反政府勢力は経済が遅れる農業・牧畜地域に拠点を移す戦術で対抗している。

89年に亡《な》くなったパンチェン・ラマの生まれかわりである「転生霊童」の認定をめぐって近年、ダライ・ラマ側と中国政府が激しく衝突している。2000年初め、チベット仏教カギュ派の活仏カルマパ17世（14歳）がヒマラヤ山脈を歩いて越え、インドに脱出したことも、チベット問題の今日性を再認識させる。

陝西《せんせい》省

——革命聖地の明暗を見る

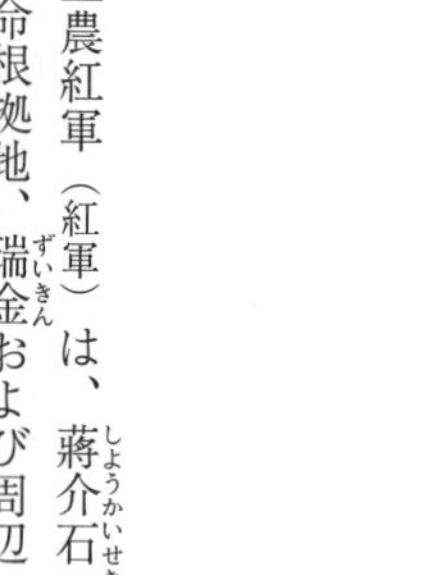

　１９３４年8月、毛沢東《もうたくとう》率いる中国工農紅軍（紅軍）は、蔣介石《しょうかいせき》の国民党軍の包囲討伐戦攻撃をうけて、革命根拠地、瑞金《ずいきん》および周辺ソビエト区からの撤退を余儀なくされた。圧倒的な兵力を誇る国民党軍の追撃を逃れるため、１９３６年10月に甘粛《かんしゅく》省で紅軍の第一方面軍と合流した。このとき第一方面軍の先鋒《せんぽう》は、すでに目的地陝西省北部（通称、陝北）に到着していた。総距離１万２５００キロにおよび、11省18山脈を踏破したこの大移動は、後に万里の長征と表現され、米国人ジャーナリスト、エドガー・スノーが著した『中国の赤い星』によって一躍有名となり、「20世紀の奇跡」といわれた。

　しかし、紅軍も手痛い打撃を受けていた。長征当初30万人いた兵士は、陝西省に到着した時、３万人に減っていた。

　同省の標高は南部と北部が高く、中部が低い。黄河流域と長江流域の分水嶺《ぶんすいれい》で、南方

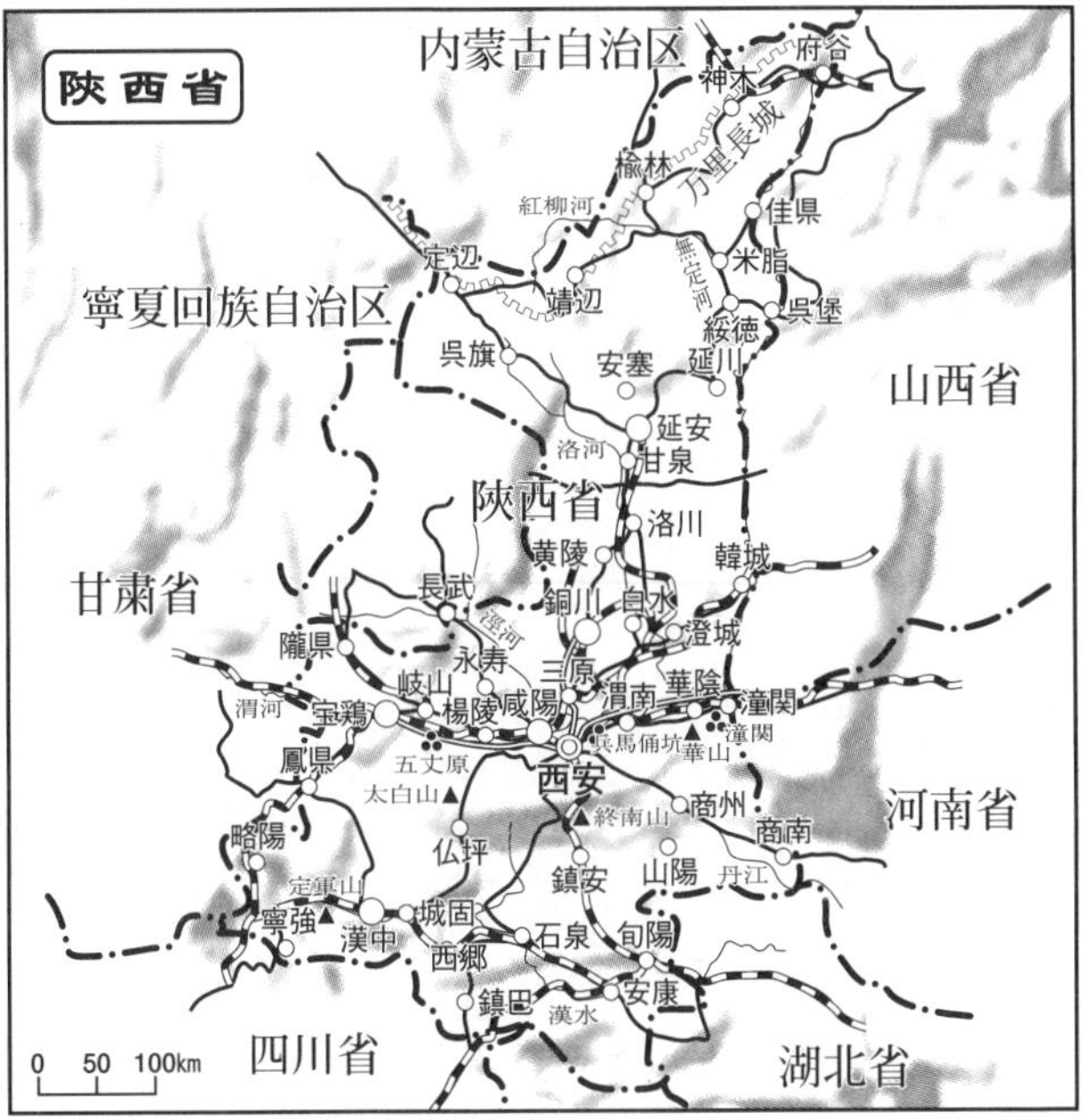

と北方の境目でもある秦嶺《しんれい》、喬山が省の東西を走り、陝西省はそれによって陝北、関中、陝南の三大自然区に分かれている。面積の45%を占めているのが海抜800～1300メートルの黄《こう》土《ど》高原だ。特に陝北地区は乾燥した気候で、年間平均降水量が300～600ミリと少ない。土壌の浸食が深刻で、農作物を栽培してもたいした収穫が期待できない。

しかし、厳しい自然が国民党軍の執拗《しつよう》な追撃を阻止した。足下を固めた紅軍は、延安《えんあん》を中心に二十数県をもつ陝甘寧《せんかんねい》根拠地をつくり、自給自足態勢を確立し、勢力も次第に増大した。1947年に同根拠地を離れるまでの10年間、共産党は延安に本部を置き、対日戦争である抗日戦争、そしてのちの国民党軍との内戦を指揮した。そして1949年、共産党が政権を奪取し、中華人民共和国が誕生した。

現在でも毛沢東旧居、周恩来旧居などが保存され、紅軍（後に八路軍《はちろぐん》と名が改められた）が使用した武器や農具などを展示する延安革命紀念館もある。紀念館の広場には毛沢東の彫像が立てられている。

江西省《こうせいしょう》・井岡山《せいこうざん》根拠地の時代は短く、紅軍の勢力も弱かったため、共産党にとって延安はその成長を優しく見守った揺り籠《かご》のような存在だ。現在の中国政府や共産党の上層部には、延安で幼少時代を送った人が多い。その意味では、延安はいまでも中国政府や党の上層部と特別な関係で結ばれており、旧正月など祭日になると北京《ペキン》の高官が家族連れで延安を訪れることもしばしばある。

しかし、このような輝かしい歴史とは対照的に、革命が勝利をおさめてから半世紀以上経《た》ったいまでも、延安は最貧困地域の一つに数えられ、政府への救済金依頼の体質がつい最近まで抜けていなかった。自力更生精神の故郷を自負していただけに、これは何とも言えない皮肉な現象だった。

沿海部では80年代初頭にはすでに市場経済へ移行していたが、同省は90年代の半ばになってからようやく旧体制に対する改造作業に取りかかった。毛沢東の置きみやげである人民公社を解体し、農地を家庭単位で農民に請け負わせ、作物の栽培に対する行政指導も基本的に撤廃した。

その努力の甲斐《かい》あって、延安のある陝北地区はいまや一大リンゴの産地となり、リンゴ販売所が自動車道沿いに延々と続く光景が陝北のいたるところで見られる。農民の所得事情も大きく改善され、労働意欲も上がった。山奥の農家でも水道を引き、テレビの衛星放送受信用のパラボラアンテナを設置している光景がよく見られる。

だが、旧態依然とした幹部制度にあぐらをかいている地方の役人も多く、経済発展の妨げとなっている。2000年に中国政府は西部開発に本腰を入れると宣言し、巨額の公的資金を投入して西部地区のインフラの整備に乗り出したが、幹部腐敗の深刻化が憂慮されている。

中華文化の発祥地である同省は、中国歴史の各発展段階を裏づける膨大な文物や遺跡を保存しており、省全体がまるで歴史博物館のような、中国で最も観光資源に富む地域でもある。実際、母系氏族社会の遺跡として珍重される西安半坡《せいあんはんぱ》遺址博物館をはじめ、博物館、記念館、専門陳列館などの施設だけでも44カ所にのぼる。

貴重な古代遺跡や豊富な副葬品が発見された古代墓陵などが省内各地に分布し、なかには国宝級の文化財も多い。兵馬俑《へいばよう》はなかでも極めつきだといえよう。

世界遺産 兵馬俑坑

テラコッタによる等身大の兵馬俑は、秦の時代（前221〜前206）の始皇帝の陵墓におさめるためにつくられた8000体以上の人馬像のごく一部で、もとは鮮やかに彩色されていた。1974年、秦の始皇帝陵から1・5キロのところで地元の農民が井戸掘りの作業中、偶然にも無数の陶器の兵士や馬車などからなるこの巨大な地下軍団を発見した。それらをおさめた兵馬俑坑博物館はまるで中国最大の古代軍事博物館のような存在となり、秦の時代の軍事、兵器、戦術などを研究する絶好の対象となっただけでなく、絶大な人気を誇る観光スポットとなった。現在もその発掘作業は続けられている。

新・旧石器時代の文化を伝える遺跡を含む古人類遺跡なども数多く発見されており、

85万年前とされる「藍田猿人《らんでん》」の頭蓋骨《ずがいこつ》化石の一部などが見つかっている。

省都の西安市は古代、長安とよばれ、中国六つの古都のなかでもっとも有名である。秦王朝を倒した漢は、巨大な帝国のために咸陽城《かんようじょう》の南に新しい都城をつくった。それが西安のはじまりであった。以降、隋《ずい》、唐など多くの王朝がこの地に都を定めた。唐の時代に、「末永く天下を安寧ならしめる」の意をこめて長安と名が改められた。

当時の長安は唐帝国の都として、世界中でもっとも経済活動が活発で栄えていた。シルクロードの出発地として、各国から多くの人々を引き寄せ、東西の物流センターの役割を果たしており、栄華をきわめた大規模な国際貿易都市でもあった。

西方諸国から輸入した珍しい品物が長安にあつまり、盛り場の旅館や酒楼では美しい歌姫が紫水晶色の葡萄酒《ぶどうしゅ》をあやしく光るガラスの杯になみなみと注ぎ、宮廷内でも街角の酒場でも踊り子が豊満な肢体をリズミカルにくねらせ、人々は西方から伝わった異国の文化に酔いしれていた。今日の私たちは、李白《りはく》、白居易《はくきょい》などの詩のなかにその栄華を偲《しの》ぶことができる。

だが当時の長安古城は唐を滅ぼした朱全世の手によって焼き払われ、現在はかろうじて大雁塔《だいがんとう》などわずかな遺跡が残るのみである。

西安は歴史の重要な舞台である。古代のロマンと対外国通商・交流の重要ルートとなったシルクロードを通って14世紀の元の時代に、マルコ・ポーロが同地を訪れている。

日本軍の旧満州侵略で東北を追われた東北軍の統帥《とうすい》である張学良《ちょうがくりょう》将軍は、1936年ここで蒋介石を武力で拘束し、共産党と合作して日本侵略軍に抵抗するよう迫った。これが有名な「西安事件」である。

ロマンを誘う悠久の歴史に引き寄せられるかのように、毎年中国国内だけでなく、世界各地からも多くの観光客が訪れる。陝西省も古代遺跡と伝統ある文化を観光資源にして、観光業の振興に力を入れている。

近年、西北の民の知恵を結晶させた究極の住宅ともいえる窰洞《ようどう》が、多くの観光客の心を摑《つか》んだ。黄土高原の木一本もない黄土の断崖《だんがい》や山の斜面に四角く掘られた深い穴の壁面をさらに横方向に掘ってつくられた窰洞は、冬は暖かくて夏はひんやりと涼しい。現在でも陝西省を含めた広い地域で4000万人が利用している。木材などの建築材が乏しく冬が寒いという厳しい環境のなかで考え出されたもので、西北地区の風物詩的な存在でもある。

西北地区の五つの省・自治区のなかで、同省は人口がもっとも多く、人口密度ももっとも高い。GDPも一番大きく、経済発展水準も同地区のほかの省・自治区より高い。衛星の地球局やレーダー、カラーテレビ用のブラウン管、テレビなどを製造する新興技術集約型の産業が頭角をあらわし、飛行機製造の分野でも注目されている。

石炭資源に恵まれ、埋蔵量は中国第三位、神府炭田などで新しい炭田の開発が続けられている。石油資源も有望で、陝北周辺にある油田の採掘作業がつづいている。豊富な地下資源を発掘するため、自動車道が山奥の貧困地にまで敷かれ、光ファイバーケーブルの敷設《ふせつ》も急ピッチで進められている。

西安市は西北地区で最大の工業都市であり、全国的にみてもその地位は無視できない。大学の数も西北地区で一番多い。西安交通大学、航空と宇宙飛行分野に研究の重点を置く西北工業大学など名門校もある。

ＩＴ時代に追いつくために、海外の新華僑《しんかきょう》の力を借りた外国のハイテク技術の導入に省をあげて力を入れている。しかし、交通、通信などハード面の環境が急速に改善されているのに比べて、サービス業や役所の効率などソフト面の環境の改善は、いまでも大幅に立ち遅れ、果たして計画通りに西部開発という世紀の夢を実現できるのか、まだ予断を許さない。

甘粛《かんしゅく》省

——シルクロードのロマンに生きる

葡萄《ぶどう》の美酒　夜光の杯《はい》
飲《の》まんと欲《ほっ》して琵琶《びわ》　馬上に催《もよお》す
酔って沙場《さじょう》に臥《ふ》す　君笑うこと莫《な》かれ
古来征戦　幾人《いくにん》か回《かえ》る
——王翰《おうかん》「涼州の詞」

甘粛省という地名だけで、果たしてどれだけの日本人がこの省のことを正確に語れるだろうか。だが、敦煌《とんこう》、シルクロード、西域《せいいき》、葡萄の美酒、夜光の杯とくれば、おそらくたいていの日本人がかなり正確にそのイメージを描くことができる。

敦煌はかつての文物の宝庫というだけでなく、いまも中国の芸術・文学に大きな影響をおよぼしている。たくさんの西域小説を著した井上靖も『敦煌』という小説を書きのこし、いまでも多くの人が古代ロマンへの憧《あこが》れを掻《か》き立てられている。莫高窟《ばっこうくつ》に描かれ

ている空を飛ぶ仙女「飛天」は中国芸術の象徴ともなっている。その多彩な文化遺産、壮大な西北の自然などがクローズアップされ、中国国内と海外の観光客に人気が高い。

　中国の経済ランキングでは、甘粛省はいまも低空飛行を続けている。工業都市として発展を狙《ねら》った省都蘭《らん》州《しゅう》市もいまや国有企業の倒産に苦しみ、リストラの嵐《あらし》は砂漠を走る砂嵐よりも地元の人々の心を揺さぶっている。市場経済への脱皮の苦しみを癒《い》やしてくれるのが、旅行ブームだ。所得の向上とゴールデンウイークなど大型連休の増加で、中国の国民も旅行に金をかけるようになった。

冒頭の有名な詩は、いまもなお多くの庶民の西部への夢を掻き立てる。2001年初夏に広州市で敦煌文物展が行われたが、展示館は閉館日を取り消すほどの大人気だった。同年5月のゴールデンウイークには、甘粛省に110万人の観光客が訪れ、観光収入は4億元に達し、いずれもこれまでの記録を更新した。「夜光の杯」になみなみと注がれたのは、「葡萄の美酒」のほかに、シルクロードに抱く観光客の夢とその夢のために地元に落としたお金でもあった。

世界に名を馳《は》せるシルクロードは陝西《せんせい》省の西安《せいあん》を起点とし、河西回廊《かせいかいろう》を経由して新《しん》疆《きょう》ウイグル自治区に入り、中央アジア、ペルシャにのび、そしてさらなる向こうの黒海、地中海に通じる古代の東西交通路である。シルクロード（絹の道）と呼ばれるのは、このルートを通って中国特産の絹が交易されたためだ。ドイツの地理学者リヒトホーフェンが1877年、著書『支那《しな》』で、この言葉を使ったのが始まりである。

当時、河西回廊の西側にある敦煌は対西域貿易と交通の重要な玄関であった。河西回廊の東側に位置する武威《ぶい》は国際貿易を支える重要な流通センターの役割を果たしていた。漢の武帝時代には、中央アジアまでの広い地域が安定し、外国との貿易も奨励され、長距離におよぶ商品の移動が可能となり、砂漠を悠然と進む駱駝《らくだ》の隊商のシルエットもシルクロードを象徴する風景となった。

中国からは絹や製紙法、西方からはガラス製品、羊毛、金、玉《ぎょく》などが交易された。思想、文化、知識もまた、シルクロードにそって中国へつたわり、あるいは中国からつたえられた。キリスト教の一部の流派の教義がヨーロッパから中国に伝道され、仏教がインドから中国へ伝来した。

しかし、唐・宋以降は、福建《ふっけん》省泉州を起点とする「海上シルクロード」の台頭によりシルクロードはしだいに衰退し、厳しい自然環境と森林の乱伐、土地浸食の深刻化などもこの衰退に拍車をかけ、西域貿易の隆盛とシルクロードの栄光はいつの間にか歴史のロマンに変わってしまったのである。

歴史と民族の交差点でもあるシルクロードはかつて主要な貿易通路ばかりでなく、東西交流の重要なルートでもあった。

歴史上、西域という言葉で表現されていたこの地域は、シルクロードというロマンの史詩をつくっただけでなく、厳しい自然と戦いながら辺境である西域を守備・開発する古代の兵士の望郷の思い、軍旅の生活を詠《うた》う詩もたくさんのこしている。前出の王翰の「涼州の詞」は酒に酔いしれる辺境の兵士の心境を詠うものだった。そのほかに、有名なのは西に出征した兵士の意志と望郷の念を詠じる王昌齢《おうしょうれい》の「従軍行（その四）」（青海の長雲　雪山暗し／孤城遥《はる》かに望む　玉門関／黄沙《こうさ》百戦　金甲を穿《うが》つも／楼蘭《ろうらん》を破らずば終《つい》に還《かえ》らじ）、唐詩七絶の白眉《はくび》と評価される王之渙《おうしかん》の「涼州の詞」（黄河遠く上る　白雲の間／一片の孤城　万仞《ばんじん》の山／羌笛《きょうてき》何ぞ須《もち》いん　楊柳《ようりゅう》を怨《うら》むを／春風は度《わた》らず　玉門関）などが有名である。ちなみに、これらの唐詩中の地名は甘粛省にある。「玉門関」は敦煌の西北80キロにある関所である。古代西域から産出される玉がここを経由して中原に運ばれたことから「玉門関」と名付けられた。王昌齢の詩にでてくる「雪山」は祁《き》連山《れんざん》のことを指している。王翰の詩には地名が出ていないものの、中国では「夜光の杯」といわれると、人々はまず夜光杯の名産地である酒泉のことを想《おも》いだす。

シルクロードに沿って伝わってきた宗教文化がこの土地に花を咲かせた。イスラム教は同省の主要宗教で、最盛期には３０００近くのイスラム教寺院があった。１９６６年からの文化大革命期間中にだいぶ破壊されたが、いまでも往時の面影をしのばせる主要寺院として、張家川清真大寺《ちょうかせんせいしんだいじ》、徽《き》県の東関清真寺、同省内最古とされる天水《てんすい》の北関清真寺、４０００人が礼拝できる臨夏《りんか》の南関清真大寺、各地のイスラム教信者に大きな影響をのこした蘭州の西関清真寺などがあげられる。

平涼《へいりょう》の崆峒山《こうどうさん》が古代から黄帝が道教をきわめるためにこの山を訪ねたことがあると言い伝えられているほど、道教発祥の地の一つとしても有名で、濃蔭寺、蘭州の金天観など道教の名勝地がある。

カトリック教も古くから同省に布教している。マルコ・ポーロの『東方見聞録』によ

世界遺産 莫高窟

れば、元の時代に甘州（現・張掖《ちょうえき》）にすでに壮麗なカトリック教の教会が二つもあったという。

しかし、同省にもっとも華麗な宗教の花を咲かせたのはやはり仏教であった。前秦《ぜんしん》時代の364年頃、仏教はすでに同省に伝わっており、その頃つくられた仏教施設も多数ある。敦煌の莫高窟（千仏洞）などはその代表である。天水の東南25キロにある麦積山《ばくせきざん》には、北魏《ほくぎ》から清《しん》までの長い期間につくられた200近くの石窟《せっくつ》と7000以上の仏像があり、「東方の彫刻館」といわれるほど有名である。現在も190の石窟がのこる炳霊寺《へいれいじ》は、西晋《せいしん》から北魏、隋、盛唐にかけて仏教の聖地であったが、いまは蘭州観光において重要なビューポイントとなっている。安西《あんせい》県の楡林窟《ゆりんくつ》は隋・唐の時代にできたものとみられるが、仏教を通しての漢民族と西夏《せいか》・蒙古《モンゴル》族との文化交流を反映している。ほかに横に臥している仏像として中国最大といわれる張掖の大仏寺などがある。

同省の面積は45万４３００平方キロ。黄土高原、内蒙古高原、青海高原の交差するところに位置し、山地型の高原である。海抜が高く、ゴビ砂漠が広く分布し、浸食現象が深刻な地域として知られる。西南部には氷河もある。黄河の西にあり、砂漠と山に挟まれ狭くなっているところは著名な河西回廊。主要山脈には祁連山、隴山《ろうざん》、岷山《びんざん》などがあげられる。砂漠地帯は主にバダイジャラン、テンゲリ及び河西回廊の新旧川筋の両岸にある。内陸の奥地に位置する同省は非常に乾燥しており、降水量が少ない。春、夏は夜と昼の温度差が大きい。

省名は北魏にできた甘州と隋代に設置された粛州（現・酒泉）に由来する。西夏の時代にはじめて「甘粛郡」がもうけられ、元代に甘粛行中書省ができた。以来甘粛は省名となった。略称が甘となったのもそのためだ。いっぽう、同省の領域の大半が隴山の西にあるから、古代に隴西郡または隴右郡が設置されたこともある。そのため、「隴」も同省の略称になっている。

省都蘭州市は面積1万４０００平方キロ。その歴史は紀元前８６年にまで遡《さかのぼ》ることができ、古くは金城と呼ばれた。中国では珍しく帯状の都市で、東西は五十数キロもあるのに対して南北は一番狭いところは約5キロである。

同省は有数の非鉄金属の生産地としても知られている。河西回廊の東側にある金川《きんせん》非鉄金属公司は中国最大の非鉄冶金《やきん》コンビナート。その所在地の金昌《きんしょう》市も「中国のニッケルの都」と呼ばれるほどだ。中国最初の原子炉、最初の衛星発射センターも同省にある。

しかし、砂漠の省というイメージのように深刻な水不足に苦しんでいる。製造業などの将来の発展は疑問視されている。

青海省《せいかい》

――青海湖保護に力を入れ始める

青海省はチベットと並ぶ中国最貧困の省として知られる。同省の省都はどこなのかと聞かれると、中国人でも、よほど地理に強い人でないと、とっさには答えられないだろう。しかし、それでも青海省について知っていることを訊《たず》ねれば、間違いなく青海湖という地名が返ってくるはずである。

青海湖。澄み切った青空に綿のような白い雲が漂う。見渡すかぎりの高原に、太陽光を反射するブルーの水面。無数の野鳥が飛び交い、空気には海辺のような潮の香りが快く鼻の奥を刺激する。夏になると大草原が緑一面に地平線まで延び、野花が咲き乱れ、遊牧民のパオが点在しており、あちらこちらに羊の群れが見える。遠くから少数民族の遊牧民の歌声が風に乗って伝わってくる。紺碧《こんぺき》の水は青海高原に嵌《は》められたサファイアのように輝き、美しい絵のような景色だ。青海湖はその名のとおり青い海のように美しい湖で、鳥の天国でもある。

日月山《にちげつさん》の麓《ふもと》にある青海湖は、中国最大の内陸塩水湖で、含塩度は６%である。湖面の海抜が約３１００メートル、面積が４５００平方キロ前後、日本の琵琶湖の約６倍に相当する。周囲が３６０キロ、平均水深が19メートルある。青海省の名前もこの紺碧の湖に由来する。

　チベットや青海省と聞くと、不毛の地と思われがちだが、実は雪山、氷川、湖、沼があり、小川が流れる大草原と湿地が広がり、水源豊かな地である。省内を流れる集水面積500平方キロ以上の河川は270を超える。長江も黄河も同省を水源地にしており、ほとんど海抜4000メートル以上の祁連《きれん》山脈には3306の氷河がある。蒙古《モンゴル》語では「青い山」という意味の可可西里《ホフシル》山、ブルハンブダイ山脈、日月山を境に、それより南は黄河、長江、瀾滄江《らんそうこう》の三大水系に、北は柴達木《チャイダム》河、青海湖、哈拉《ハル》湖、祁連山と可可西里山の水系に分かれる。湖も多く、水面面積が0・5平方キロ以上の湖は439を数え、祁連山湖群、柴達木湖群、長江水源・可可西里山湖群、黄河湖群の四大湖群に分かれる。水資源が豊富なので、流れが急で落差が大きい黄河上流に竜羊峡《りゅうようきょう》、李家《りか》峡《きょう》などの水力発電所も建設されている。いっぽう、青海湖に注ぎ込む川は108もあり、海のように広い高原の湖を形成している。

しかし、青海省の象徴とされるこの高原の真珠は、実は楼蘭《ろうらん》を滅ぼしたロプノールに似た運命に見舞われている。1960年代から、食糧生産を至上命令とした政策で、青海湖周辺にある多くの草原が農地として開墾され、土地の浸食が日増しに深刻化し、草原の砂漠化が進み、自然環境が大きく破壊された。現在、青海湖に流れ込む川の85%がすでに干上がってしまい、布哈河、泉吉河、黒馬河など比較的大きな川も時々川底を見せるほど断流する。その影響で青海湖の水位も毎年10センチ以上下がっていく。もともと省全体は乾燥地帯に属し、激しい風が黄沙《こうさ》を巻き上げて吹く日が多い。川の流れが干上がってしまうと、砂漠化の危険性がさらに増大する。

青海湖に産する湟魚《こうぎょ》（裸魚ともいう）は、地元では有名な食材である。産卵期になると、湟魚は湖に流れてくる淡水の川を遡上《そじょう》して産卵地に行く習性がある。しかし、川に建てられた灌漑《かんがい》用の用水堰《ようすいぜき》には、魚が遡上できる通路が設けられていない。そのため多くの魚たちは遡上できずに死んでしまう。それと同時に、濫獲《らんかく》現象も深刻化する一方だ。

貴重な自然を守るために、中国政府は国家級のプロジェクトとして、青海湖の湿地保護プロジェクトを２００１年に全面的にスタートさせた。青海湖の鳥島およびその周辺の湿地帯は、国家レベルの支援保護区に指定されたほか、世界重要湿地リストにも名を連ねた。青海省政府も向こう10年間青海湖における漁獲をいっさい禁じるという保護措置の実施に踏み切った。これまで湖で漁をしていた漁民は職業訓練を受けて、漁船を遊覧船に改造し、観光ガイドへと転身した。純朴で観光汚染されていない高原の景色を観光誘致の切り札にしようとする同省の狙《ねら》いがうかがわれる。

同省はこれまでの工業重視の発展戦略についても大きく転換しなければならないだろう。

同省は地勢が高く、北には祁連山脈と阿爾金山《アルトウン》が、中央には昆崙《こんろん》山脈が、南には唐古拉山《タンクーラー》がならんで省の基本地形をなしている。チベット語で「高原の山」という意味の唐古拉山は、長江、怒江（サルウィン川）、瀾滄江の水源地でもある。

中華人民共和国が建国されるまで、産業らしい産業はなかったが、１９５０年代から他の省・市の支援を得て、しだいに軽工業、発電、石炭、石油、冶金、化学などの産業が形成された。リチウム、モリブデン、アスベストなどの埋蔵量が中国一を誇り、銅、鉛・亜鉛、水銀などの埋蔵量も注目されている。これからの鉱物開発は同省経済発展にとって重要な役割を果たす。

近年、豊富な電力資源と鉱物資源を利用して、電気消費量の大きい鉱物精錬産業の育成に力をいれている。80年代後半操業を始めたマグネシウム、アルミ精錬工場はその典型である。なかでも、青海アルミ工場は中国最大の電解アルミ工場である。竜羊峡から甘粛をへて寧夏回族《ねいかかいぞく》自治区の青銅峡の黄河上流まで1000キロ近くにおよぶ地域は、電解アルミ、銅、亜鉛、金属シリコン、希土類元素の大生産・輸出基地となりつつある。

いっぽう、同省には原子爆弾を製造した町がある。

省都西寧《せいねい》市の西北100キロの海北チベット族自治州西海地区に、総面積1200平方キロ近くもある核兵器製造施設がある。中国初の核弾頭はここで開発・生産された。「221工場」と呼ばれたこの施設は、90年代からの民需転換でアルミ工場などがつくられ、かつてのベールが徐々に取り除かれ、95年5月に核兵器製造施設としての使命を終えると、町全体も「原子城（原子の町）」という新しい名にかわり、観光地として開放されるようになった。広い一帯の中心には原子爆弾をかたどった銀色の碑が建てられており、この町のこれまでの歴史と歩みを物語っている。

チベット族が多数居住する同省には、7世紀頃、ラマ教が伝わり、モンゴル帝国の創建者であるジンギスカンが青海を支配するとラマ教が普及した。ラマ教に改宗した蒙古族の住民は少なくない。明《みん》の時代、ラマ教はトウ族の民族宗教となるなど信仰人口を増やした。ラマ教の宗教人材を養成する塔爾《タール》寺チベット語仏学院もある。西寧市近郊の塔爾寺は400年前の明の時代に建てられ、ラマ教の六大寺院の一つとして名高い。

イスラム教も同省に入ってから700年以上になる。ジンギスカンの西征軍についてきた中央アジア人が同省に定住し、イスラム教が根を下ろすこととなった。西寧市東関清真大寺は西寧市で最大の古代建築物で、西北地区の四大イスラム寺院の一つとして知られる。

寧夏《ねいか》回族《かいぞく》自治区

——中国最大のイスラム自治区

国教がなく共産党が支配する社会主義の中国は、宗教とはあまり縁のない国のように思われがちだが、実際には中国は多宗教国家で、仏教、道教、イスラム教、キリスト教の四教を主要宗教とし、宗教信者は１億人以上、宗教活動場所は８万５０００カ所、宗教団体は３０００余りある。

こうした公式の統計に現れないミニ宗教団体や正式に登録していない宗教活動場所も相当ある。とくに近年、社会主義に対する信仰が薄れ、人々は心の支えを宗教に求める傾向を強めているので、宗教人口も宗教団体も活動の場所も増え続けている。

中国には宗教を支える土壌が豊かにある。かつて中国、イスラムは先進国であり、豊かな国であった。西域を横断するシルクロードとインド洋と中国沿岸を結ぶ海のシルクロードを通ってイスラムの文化と文物が中国人に集積してきた長い時期があった。

中国にイスラム教が伝来したのは紀元７世紀頃である。イスラム教は回族、ウイグル

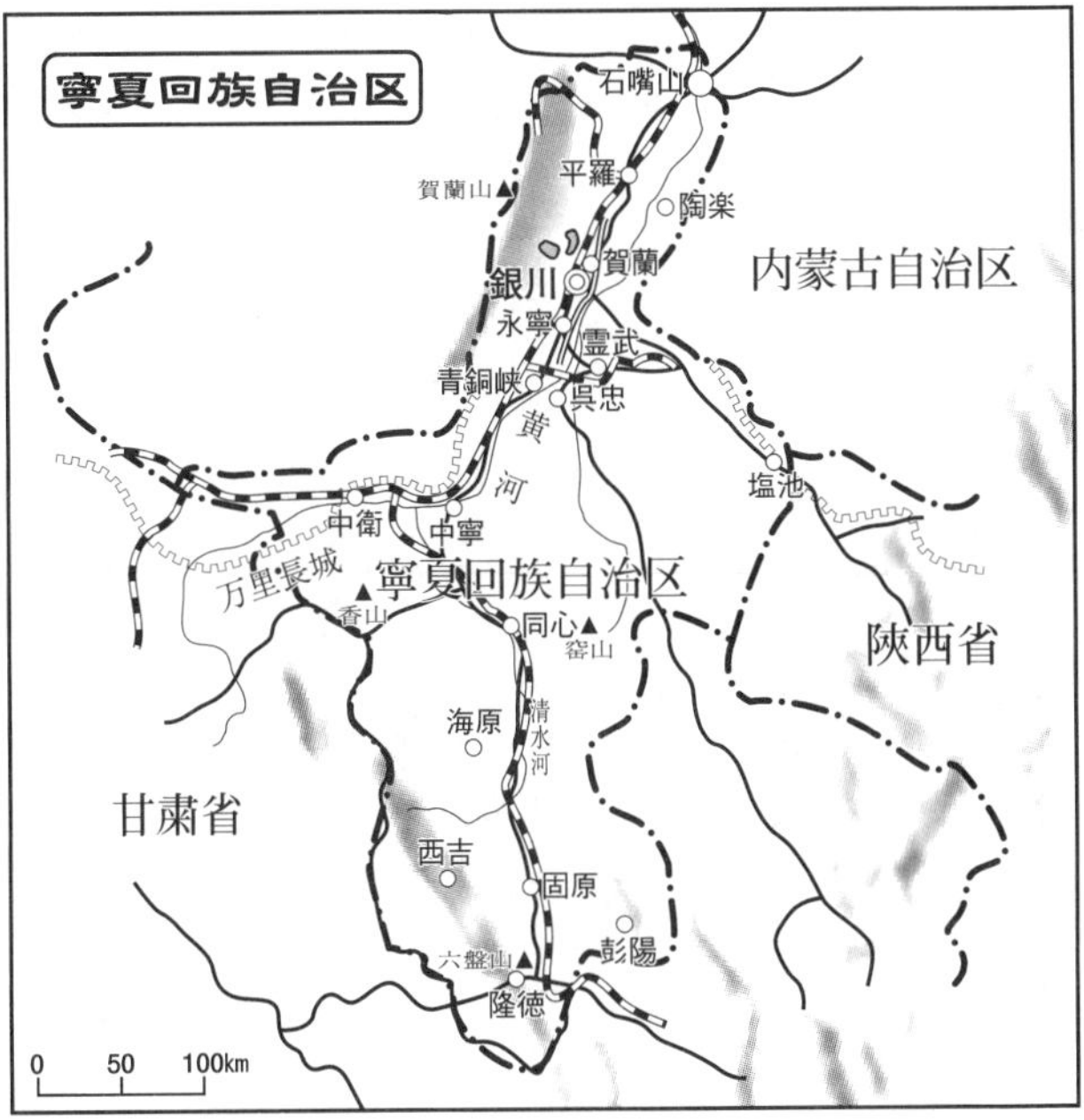

族、カザフ族など主に少数民族の間で信仰されていて、信仰者数は1800万人、イスラム教を奉ずる宗教家は4万人である。イスラム教は、スンニ派とシーア派に大別されるが、中国のイスラム教徒はスンニ派に属している。全国団体として、1953年に「中国イスラム教協会」が設立された。

　同自治区は、古くから回族の流入によって回族の主要居住地となり、イスラム教も同時に広がり、唐、宋《そう》、西夏《せいか》時代にはすでにイスラム教が盛んであったことが確認されている。

しかし、イスラム教の地位が確立するまでさまざまな紆余《うよ》曲折があった。西夏王朝（1038—1227）は仏教を国教と定め、数万人を動員して「大蔵経」を納めるための寺院・承天寺（銀川《ぎんせん》西塔ともいう）を建てた。西夏とは11世紀に興《おこ》り、13世紀ジンギスカンに滅ぼされるまでの約200年間、この地を制覇した王朝である。その領土は最盛期に現在の寧夏、陝西《せんせい》省北部、甘粛《かんしゅく》省西北部、青海《せいかい》省東北部、内蒙古《ないもうこ》の一部を覆《おお》っていた。漢字をもとに西夏文字をつくるなど独特の文化をもち、宋、遼《りょう》、金と数回も戦火を交えたことがある。元代に大勢の回族が寧夏に定住することにより、イスラム教が同地区最大の宗教という地位を確立した。現在は、「中国のイスラム省」という別称もあるように、同自治区は世界中のイスラム国家と密接な関係を保っている。

中国のイスラムとされる回族は、回回族ともよばれ、広西チワン族自治区のチワン族についで、中国で二番目に人口が多い少数民族である。約7世紀頃、通商のため中国にやってきたアラビア商人たちの一部がそのまま中国にのこり、回族として新しい民族を形成した。回族の居住には「大分散、小集中」という傾向がみられ、少数民族のなかで分布範囲がもっとも広い民族である。寧夏、甘粛、河南《かなん》、河北、山東《さんとう》、新疆《しんきょう》、雲南《うんなん》、青海などの省・自治区に回族がとくに多い。

イスラム教を信仰する回族は、小集中を保つことによって、服装や言語などまわりの居住環境に同化するにもかかわらず、冠婚葬祭、飲食習慣など、イスラム教義や民族文化にかかわる面では、終始みずからの伝統を守りぬき、鮮明な民族の個性をみせている。白い帽子をかぶることは、回族の服装上唯一《ゆいいつ》の印といえよう。なお、日常用語の中には、アラビア語の名残と思われる語彙《ごい》ものこっている。イスラム教は回族内部の団結を強化し、同化を逃れる精神的なよりどころとなっている。

文化大革命中、宗教活動は一時厳しく弾圧され、禁止されたが、現在は再開され、2000以上のイスラム寺院が開放されるようになった。同心清真大寺は明《みん》代に建てられ、現在同自治区内でもっとも歴史の古いイスラム寺院である。

西北地区の東部、黄河の上流に位置する寧夏回族自治区では、漢民族が多数であるが、自治区の主体が総人口の33％を占める回族である。その意味では最大のイスラム自治区と見てもいいだろう。

同自治区は、賀蘭《がらん》山地、オルドス高原、黄土《こうど》高原、六盤山地など、山地と高原が主で、平野は4分の1にすぎず、砂漠も全面積の8％を占める。地勢は南が高く、北が低い。

寧夏平原は1万7000平方キロで、海抜1100メートル以上、青銅峡《せいどうきょう》によって南と北の二つに分かれ、南は衛寧《えいねい》平原で、北は銀川平原である。

蒙古語で「駿馬《しゅんめ》の山」を意味する賀蘭山は、険峻《けんしゅん》な山々で騰格里《テンゲリ》砂漠の東への移動を阻止しつつ、西北から流れてくる寒風を遮断し、銀川平原の天然の屛風《びょうぶ》となっている。

黄河の水を利用して灌漑《かんがい》を盛んに行う歴史を2000年以上ももつ寧夏平原は砂漠に囲まれているが、黄河の恵みを満喫する肥沃《ひよく》な耕地が広がり、緑が多く、「塞上《さいじょう》の江南《こうなん》」という美名で知られる。

自治区の南部は黄土高原の一部をなし、海抜1500メートル以上。黄土高原にそびえ立つ六盤山は涇河《けいが》と渭河《いが》の分水嶺《ぶんすいれい》でもある。河川はいずれも黄河水系に属し、黄河のほかに、清水河《せいすいが》、苦水河、葫芦河《ころが》などがある。平均年間降水量は100〜400ミリ。気候は非常に乾燥している。

歴史上、秦《しん》代は北地郡で、漢代は朔方《さくほう》刺史部となり、唐代は関内道に属し、宋は西夏と秦鳳路《しんおうろ》に分かれ、元代は寧夏路が設置されたが、甘粛と陝西に分属した。明代は寧夏府（後に寧夏衛）が置かれ、陝西に属した。清代に再び寧夏府が復活され、甘粛省に属したが、1928年に寧夏省が設置された。中華人民共和国建国後、いったん内蒙古自治区と甘粛省に編入されたが、1958年に元甘粛省の銀川地区と固原《こげん》、呉忠《ごちゅう》の二つの回族自治州を中心に同自治区が設立され、現在にいたる。

自治区首府・銀川市は、自治区と市の官公庁が集中する旧市区と工場や企業が集まる新市区に分かれる。悠久の歴史をもつ都市で、秦代には北地郡に属し、南北朝に北典農城が建設され、黄河を利用する灌漑がおこなわれている。現・銀川の旧城は唐代につくられ、新城である満城は清代に建てられた。西夏時代に興州（興慶府）と呼ばれ、19

0年間、都が置かれた。

西北地区の五つの省・自治区のなかで面積がもっとも小さく、経済も遅れている。鉱物資源は豊富であるが、開発水準はまだまだ低い。沿海部の先進地域との比較はさておき、全国水準とくらべて遅れていると指摘される西北地区のなかでも立ち遅れが目立つ。

石炭、鉄、金、石膏《せっこう》などの鉱物資源には恵まれている。とくに石炭資源が豊富で、採掘しやすい構造になっている。賀蘭山麓《さんろく》に前後して石嘴山《せきしさん》、石炭井など四つの炭鉱が開発されている。同自治区が産出する太西炭は中国で最高の無煙炭とされる。石膏資源も埋蔵量が中国一で、機械による大規模な採掘が可能である。石嘴山製鉄所、銀川ゴム廠《しょう》、青銅峡アルミ廠、青銅峡水力発電所など大手国有企業がある。石油開発にも力が入っている。豊富な鉱物資源の有効利用と経済水準の効果的向上が、同自治区のこれからの課題である。

イスラム系料理は羊肉や牛肉を食材とするため、良質の長い羊毛で知られる羊の名種・灘羊、沙毛山羊《さもうやぎ》をはじめとする多くの家畜を飼育しており、牧畜業は同自治区の経済発展に大きく寄与している。近年、食肉用の養牛、酪農、兎《うさぎ》の飼育も盛んになり、牧畜業のさらなる発展が望まれる。

甘粛省の省都蘭州《らんしゅう》市の税関には同自治区の事務所が開設され、香港《ホンコン》、日本向け投資誘致会をひらくなど、外国資本の誘致に力をいれている。

しかし、砂漠化現象が深刻に進むなかで、外資企業を誘致できる良好な投資環境を思うように作ることができないでいる。

同自治区は1950年代半ばまで、鉄道がなかった。1958年の内蒙古・包頭《パオトウ》～甘粛省・蘭州の包蘭線の開通によって、鉄道のない歴史に終止符がうたれた。石嘴山、銀川、青銅峡などを経由する同鉄道線は、いまでも同自治区の交通大動脈である。だが、鉄道も砂漠化の脅威にさらされている。

懸命な防砂林の植林活動によって鉄道の包蘭線の開通を確保し、砂漠の浸食から農地を守るのに成功した中衛《ちゆうえい》防砂林、砂漠の浸食を食い止めるため現在植林活動がつづけられている国家的プロジェクト・三北防護林、国連の援助をうけてできた西吉防護林、進行中の銀西防護林プロジェクトなどからも分かるように、同自治区の林業活動のほとんどは、砂漠との戦いとみてもよいのである。

甘武線、平汝《へいじよ》線、銀新線などの地方線もあるが、輸送量はそれほど期待できない。結局、鉄道が発達しない同自治区では、主要な交通手段はやはり自動車道に頼っている。80年代以来、自動車道の全長の延びが大きい。葉盛黄河大橋の完成によって、包頭～蘭州の包蘭自動車道、銀川～平羅《へいら》の銀平自動車道など四つの幹線自動車道の接続がよくなった。

井上靖の『蒼《あお》き狼《おおかみ》』(新潮文庫)に描かれたような厳しい自然と共存しながら、21世紀の未来像を描こうとする同自治区は、まだ長い道のりを歩まなければならない。

新疆《しんきょう》ウイグル自治区

——独立運動を警戒する異国情緒豊かな辺境の地

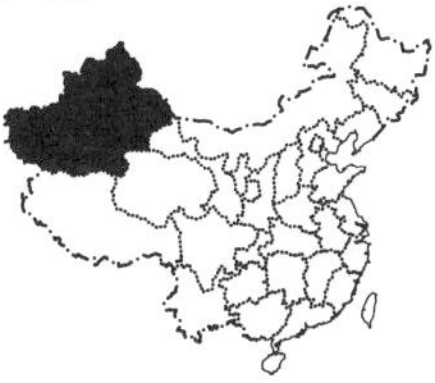

灼熱《しゃくねつ》の太陽に照りつけられたゴビ砂漠を彷徨《さまよ》った車がようやく緑豊かなオアシスに辿《たど》り着き、木陰から漂ってくる涼しさと湿気が乾燥しきった肌の表面を優しく潤《うるお》すとき、ほかのところでは何も感じなかったこの自然のやさしさに、おそらくどの旅人も感激することだろう。

枝もたわわに実る葡萄棚《ぶどうだな》が続く凸凹《でこぼこ》の砂利道を、ロバが引く車が気だるげに進んでいく。小道のそばに何気なく目をやると、地面のところどころに穴があってそこから水の湿気と涼気が伝わってくる。のぞきこむと、穴の下は暗渠《あんきょ》となっていて、冷たい水がこの暗渠を通って四方八方へと滔々《とうとう》と流れていく。直射日光に当たらないので、その分余計な蒸発も避けられ、水の冷たさを維持できるようだ。

実は、これが新疆の代表的な風景の一つである。この暗渠は「坎児井《カレーズ》」と呼ばれ、オアシス、とくに吐魯番《トルファン》や哈密《ハミ》でよく見かけられるもので、砂漠に生きる民の生活を支える重要な水利施設である。

カレーズはペルシャ語で地下水のことをいう。天山《てんざん》の麓《ふもと》から吐魯番のアイディン湖まで標高差は１４００メートルもあるため、人々はこの勾配《こうばい》を利用して天山の雪解け水をカレーズを通して引いてきて、生活用水と農作物の灌漑《かんがい》に利用する。昼間の地表温度が摂氏70~80度まで上昇する真夏でも冷たく美味《おい》しい水が利用できるこの施設は、まさしく砂漠の民の知恵だといえよう。

新疆ウイグル自治区は中国大陸の最西北部に位置する。自治区首都はウルムチ市。全人口の47%前後がウイグル族で、カザフ族などその他の少数民族をいれると、全人口の3分の2が少数民族である。

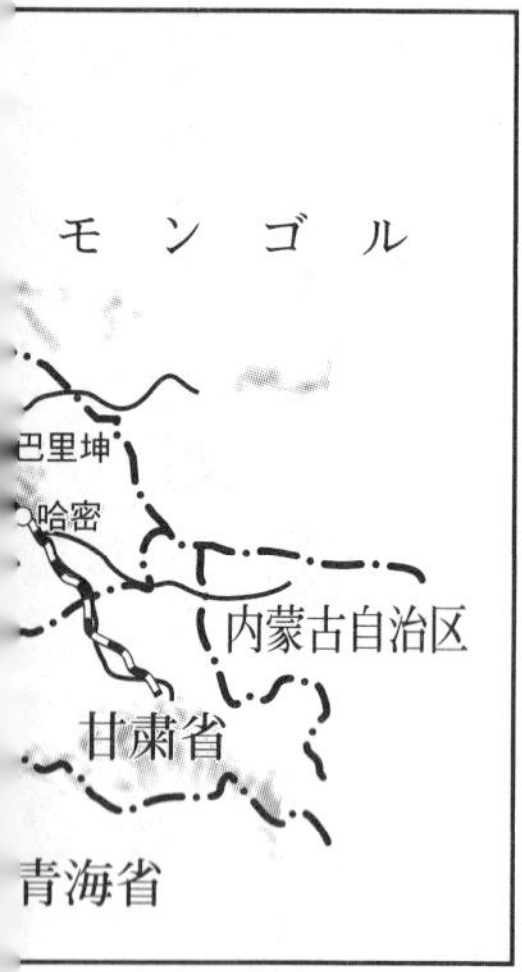

新疆の地形は三つの山脈が二つの盆地を囲んでいるという表現で説明できる。三つの山脈とは平均海抜３０００メートルの北部のアルタイ山脈、平均海抜４０００メートルの中部の天山山脈、平均海抜５０００メートルの南部の崑崙《こんろん》山脈のことをいう。天山山脈と崑崙山脈のあいだに東西の長さ１１００キロ、南北の幅５００キロ、総面積約53万平方キロもあるタリム盆地が広がる。天山山脈とアルタイ山脈に囲

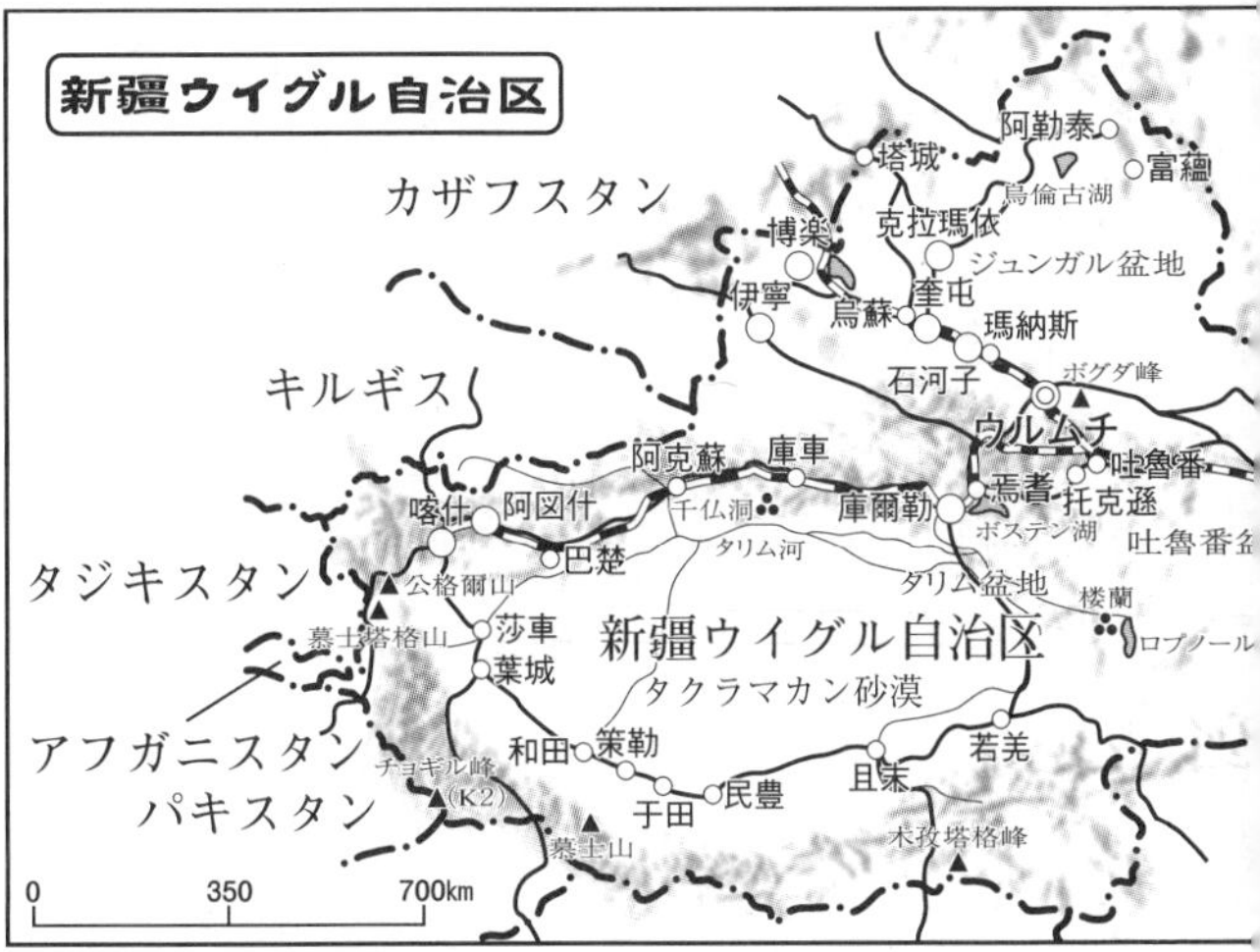

まれているのは、総面積三十数万平方キロのジュンガル盆地である。

雪をいただく山々と氷河は500本以上の川の源となり、無数の緑洲《オアシス》をつくりだす。ただし、川のほとんどは海に流れ込まない内流川である。全長2179キロあるタリム川は新疆最長の川というだけでなく、中国一長い内流川でもある。カザフスタン領内のバルハシ湖に注ぎ込むイリ河は全長1500キロ、27の支流をかかえ、新疆で水量がもっとも多い川である。アルタイ山脈を源にするエルティシ川はロシア領内のオビ川に流れ、北氷洋のオビ湾で海にそそぐ。中国で唯一《ゆいいつ》の北氷洋水系の川である。

25％の土地が砂漠である新疆は砂漠の国ともいわれる。その面積は中国の砂漠総面積の6割を占め、なかでも約33万平方キロあるタクラマカン砂漠は世界で二番目に大きい。崑崙山脈にあるチョギル峰（K2）は海抜8611メートルで、世界で二番目に高い山として知られる。一方、吐魯番にあるアイディン湖は海より154メートルも低い。これは中国でもっとも海抜が低く、世界でも二番目に低い。天山山脈の麓にあるボステン湖は新疆の漁獲量の3分の1をになう。また、新疆は台湾、チベットにつぐ地震多発地域でもある。

漢・唐の時代から清の時代まで新疆は「西域《せいいき》」と呼ばれてきた。中国古代の通商ルートであるシルクロードも新疆領内を通っていたため、多くの中国人にとっては西域という地名には古代のロマンと悠久の歴史のイメージがこめられている。

紀元前60年の西漢の時代に、西域に都護《とごふ》府がもうけられ行政を行使している。清《しん》の時代の1884年に、新疆省が設置される。中華人民共和国建国後、少数民族の権益を考え、1955年に新疆省を新疆ウイグル自治区にかえた。

元の時代に現在の自治区首都は「美しい牧場」を意味するウルムチと呼ばれるようになる。1758年、清の政府はここに大規模な建築工事を行い、地名を迪化《てきか》と改める。1884年から省都となり、1954年、地名はまたウルムチに改称される。ウルムチ市は面積1万1000平方キロ、人口159万人。

新疆は面積が中国最大の行政区画で、モンゴル、ロシア、カザフスタン、アフガニスタン、パキスタン、インドと国境を接し、国境線が5700キロにおよび、中国一をほこる。習慣上、人々は天山を中心に天山以南を南疆、天山以北を北疆、哈密、吐魯番一帯を東疆と呼ぶ。ウイグル族、カザフ族、キルギス族など47の民族が居住し、多民族間の関係問題が新疆の重要な課題である。現在、少数民族幹部は46％に達し、公用語も漢語、ウイグル語、その他の少数民族言語の共用が徹底されている。

イスラム教を信仰する民族が多く、新疆にはイスラム寺院など宗教活動拠点が1万3000以上あり、イスラム教協会、イスラム経学院などもある。

全体的にみれば、新疆での少数民族の独立問題はそれほど深刻ではないが、1959年と62年に国境地帯に居住する多くの住民が旧ソ連に逃亡する事件があった。現在でも新疆と隣接する国々を活動拠点にする勢力が存在しており、彼らは新疆を「東トルキスタン」として分裂・独立させようとしている。近年、その活動が頻繁となる動きを見せている。

こうした動向に中国政府も警戒心を高めており、2001年、中国政府とロシア、カザフスタンをはじめとする中央アジアの5カ国が上海《シャンハイ》で「上海協力機構」会議を開き、イスラム原理主義による独立運動とテロ活動に対する抑制について共同作戦を行うと意思確認をした。同年9月11日、アメリカで同時多発テロ事件が発生したあと、中国政府はアフガニスタンのタリバーン政権とのつながりが囁かれる新疆独立勢力との対決姿勢をさらに強め、新疆で大規模な軍事演習を行った。

国際的には関連国とのこうした連携を強化すると同時に、中国政府は、改革・開放政策の深化で新疆の住民、とくに少数民族の住民の生活水準を向上させることで、分裂の動きに歯止めをかけようとしている。

９０年代に入ってから、国境貿易が盛んにおこなわれ、新疆の経済に活気をもたらしている。カザフスタンに通じる国境の町には中央アジア各国の商人と中国各地からやってきたビジネスマンがあふれ、中国側は中央アジアの商人たちから化学肥料、銅、鉄鋼、アルミを買いいれる一方、酒、ビール、雑貨、運動靴など食品と軽工業製品を輸出している。新疆の経済をより迅速に発展させるために、北京《ペキン》の中央政府と自治区政府は外国の資本誘致に力をいれている。またシルクロード人気で外国観光客が大幅に増え、重要な外貨収入源となっている。

鉱物資源が豊富で、石炭の埋蔵量が中国全国の石炭埋蔵量の3分の1以上あり、ベリリウム、リチウム、白雲母などの埋蔵量も中国で一、二を数える。開発はすでにはじまっており、石油、天然ガスを含む鉱物生産がしだいに経済を支える基礎産業となりつつある。

近年、とくに石油・天然ガスなどエネルギー産業の発展がめざましい。外資の導入をはじめ、タリム油田やカラマイ油田の開発に力をいれ、９３年に石油の産出量ははじめて１０００万トンの大台を越えて中国四位の地位を確保した。９５年4月に中国初の１００万トン級砂漠油田・彩南油田が操業を開始した。年間石油生産力は１５０万トンとされる。それ以降もガス田などの開発により、中国の新しいエネルギー基地としてその地位が急上昇している。新疆から上海までの天然ガスを送るパイプラインを敷設《ふせつ》する工事も急ピッチで進められ、「西気東輸」と呼ばれるこのプロジェクトは沿海部上海周辺のエネルギー供給を改善するための一大工事というだけでなく、エネルギー大省としての新疆の地位が再確認されることとなった。

　新疆の経済活動を語る際や、国境地域の安定を見るときに、無視できないある集団の大きな存在がある。新疆建設生産兵団だ。

　１９５４年に設立された生産兵団は中国人民解放軍の野戦部隊を前身とし、工業・農業・建築業・運輸業・商業・教育・医療に従事する準軍事化組織である。伊犁《イリ》、阿克蘇《アクス》、哈密、和田《ホータン》、吐魯番、喀什《カシュガル》、ウルムチなど14の地区・州・市に13の農業師団を設立し、１７１の農場・牧場をもうけている。後漢王朝の時にあった屯田部隊の現代版と言えよう。兵団の総人口は約２５０万人、95％以上が漢民族。94万ヘクタールの耕地、２７０万ヘクタール以上の牧草地、炭鉱、鉄鉱などの鉱山資源を擁し、紡績、製糖、自動車、鉄鋼、セメント、革製品などの大規模な産業をもつ。傘下《さんか》に８０００社以上の企業があり、総資産額９０００億元。２０００年の国民総生産は新疆全体の６分の１に相当する１８０億元である。八一《はちいち》農学院、石河子《せきがし》医学院、塔里木《タリム》農墾大学などが兵団系統の大学となっている。６０年代、10万人前後の上海の青年が新疆に移住し、兵団のメンバーとなった。現在でも兵団内ではよく上海方言を耳にすることができる。

しかし、外資を導入する際に、兵団の名義では軍の直轄《ちょっかつ》の企業だと誤解され、さまざまな不都合が生じ、多くのビジネスチャンスを失った。そのため、2001年に中央政府の許可を得て、新建集団という純民間の企業グループに改造された。

1965年、全長1904キロの蘭新《らんしん》鉄道が開通したことで、新疆はようやく鉄道のなかった歴史に終止符をうった。80年代に南疆鉄道が完成、90年代にウルムチからカザフスタンの首都アルマトイに通じる北疆鉄道が開通したことにより、江蘇《こうそ》省の港湾都市連雲港《れんうんこう》からオランダの港湾都市ロッテルダムにつながる、世界でもっとも長い鉄道の実現が現実性をもつようになった。

新疆の葉城《カルギリク》とチベットのアリ地区を結ぶ新蔵自動車道は、昆崙山脈の10の雪山を越え、最高地では海抜5432メートルに達し、全長1210キロのうち海抜4000メートルを超える区間が1000キロ以上におよび、世界最高地の自動車道の一つといえよう。蘭新自動車道は甘粛省の省都蘭州市に通じ、新疆と内地とを結ぶ主要幹線道路である。

全長616キロで、近年道路幅を拡張した中パ自動車道は新疆とパキスタンを結ぶ重要な陸上動脈である。新疆はまた中国で国際自動車運輸路線がもっとも多く、もっとも距離が長い地方である。数十の国際自動車運輸路線が運営されており、大部分は直通運輸がおこなわれている。

農業はいまでも新疆経済の柱である。西北5省（自治区）のなかで、新疆は食料を他の省（自治区）にもっとも多く供給している。繊維が長い新疆産綿は広く喜ばれ、日本をはじめ海外にも大量に輸出されている。その生産高は中国第二位を誇っており、近年中国最大の綿花産地に成長した。広大な草原をもつ新疆はまた中国有数の牧畜業基地でもある。

雄大な自然で人を魅了する大地として、名所が多い。ウルムチ市の北東約110キロにある天池は標高1910メートルにあり、天山山脈のボグダ峰（海抜5445キロ）を望む、神秘的な美しさをたたえる高山湖である。『西遊記』では孫悟空が大活躍する舞台となった火焔山《かえんざん》は、吐魯番盆地の北側に位置する。火州とも呼ばれる吐魯番にある葡《ぶ》萄溝《どうこう》は青々とした葡萄棚で遠来の客に暑さを忘れさせ、一面にたわわに実る葡萄の房はオアシスのありがたみを教えてくれる。5世紀に高昌国王《こうしょう》によって都が築かれた高昌古城は、『西遊記』の主人公にもなった玄奘三蔵《げんじょうさんぞう》が仏教の経典をもとめてインドにむかう折に立ち寄ったところであった。そのほかに、紀元前2世紀に建てられ、4世紀の元の時代に寂れたといわれる交河古城、5～6世紀ごろから掘りはじめられ、「西方浄土」などの仏教説話が壁画に描かれているベゼクリク千仏洞など、歴史のロマンに想《おも》いを馳《は》せる名所が多い。観光客としてはなかなか行くことが困難なロプノールはすでに干上がってしまったが、移動する湖として有名である。古代にはその西岸に砂漠の王国楼蘭《ろうらん》があった。井上靖の『楼蘭』（新潮文庫）はこのロプノールと楼蘭を舞台にしている。

香港《ホンコン》 ——厳しい試練に直面する

20世紀の最後の旧正月が迫る冬のある日。香港と中国を結ぶ深圳《しんせん》の羅湖《らこ》で、思わず振り返ってしまうような光景と出会った。夕日の光を背に受けて急ぎ足で香港へ戻ろうとする人々が手に荷物をいっぱいもっている。その人の流れのなかに、泥のついた葱《ねぎ》を一束買い物カバンに入れている人がいた。しかも、一人ではなく、数人である。

香港と深圳、いや中国大陸との物価には相当大きな格差が存在しているということくらい、おそらくだれもが知っている。だから、深圳を訪れた香港人は帰りにいつも食品をはじめいろいろなものを持ち帰る。ここ数年、その光景はすっかり定着し、それを問題にする人間はもういない。しかし、いくら何でも葱を買って帰ることはないだろう。多少節約できたとしても、大した金額にはならないはずだ。

この何でもない光景に、香港の今日的な状況が濃縮されている。

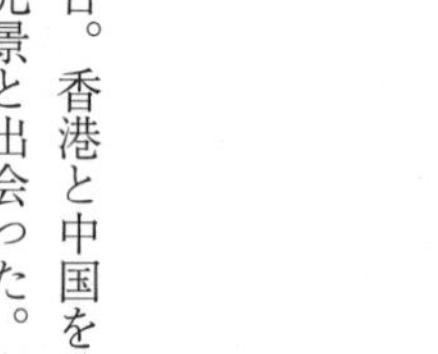

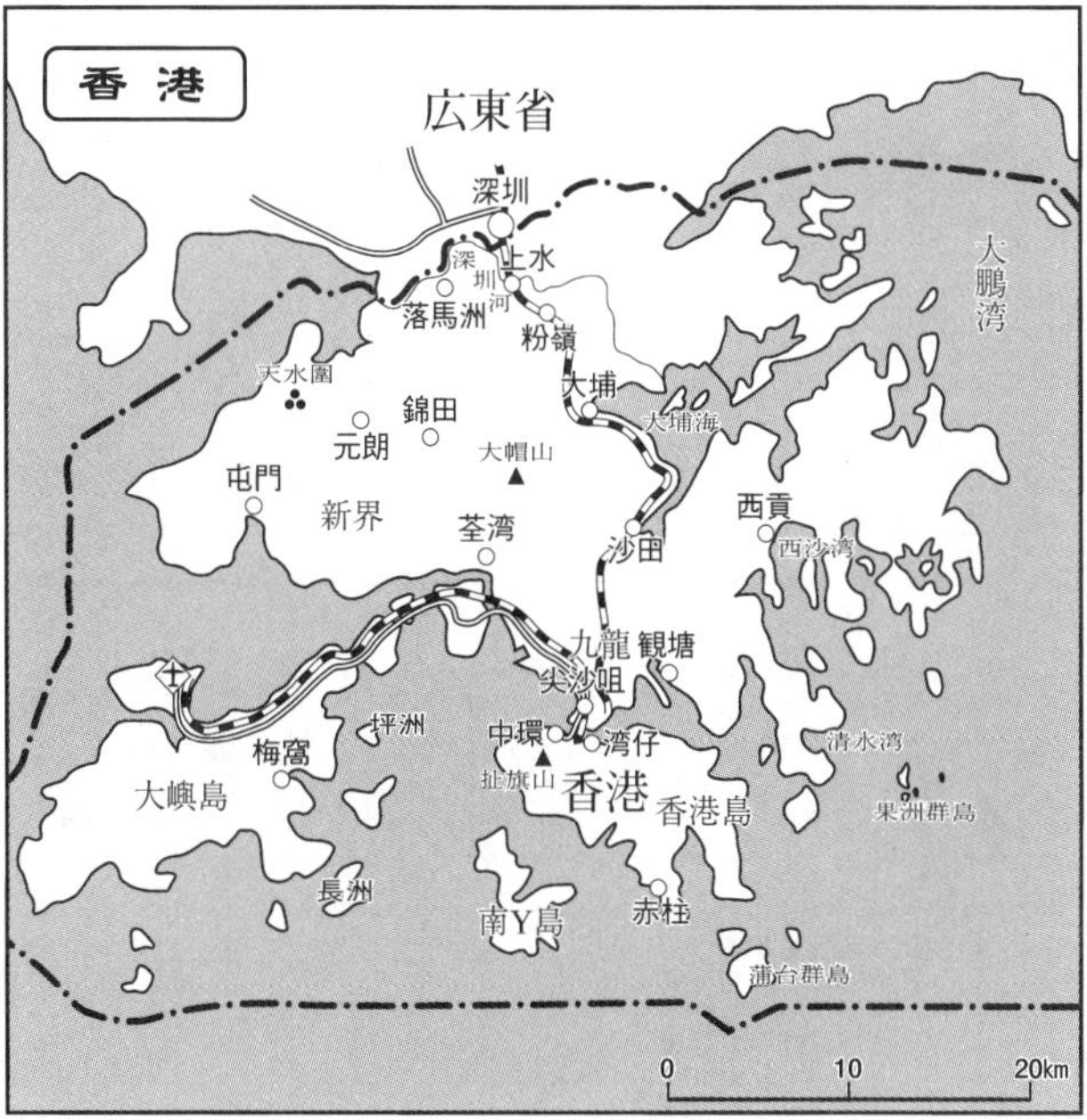

香港返還が議論されはじめた80年代のはじめ頃、多くの香港人は貧しい中国に返還されたら、自分たちの生活水準が低下してしまうと信じていた。当時、返還に反対する香港人がよく口にした理由は「一人の金持ちに十人の貧しい親戚《しんせき》があらわれれば、その金持ちも貧乏になってしまう」ということだった。

　中国の知識人の多くがいまだに香港に反感を抱いているのは、こうした香港人の態度を目の当《ま》たりにしたからだ。

中国に返還された1997年頃になると、「金持ちと貧しい親戚」の話は聞かれなくなった。中国の一部、特に香港と隣接する広東省《カントン》の生活水準が大幅に向上し、かつて香港が優越感を持っていた格差がかなり縮まり、居住環境においては、一部の地域ではむしろ広東省のほうが香港を上回るようなところもあらわれてきたのである。

これまでの香港の経済を支えてきた支柱産業は、不動産、株式、金融、貿易だった。しかし、98年アジアを席巻した金融危機の嵐《あらし》で、香港の証券市場と不動産が暴落し、金融も揺れに揺れた。肝心な貿易も中国大陸の主要都市が直接海外と貿易できるようになったので、かつてのように何もかも香港を経由する必要がなくなった。香港の優勢はもはやあっという間に目立たなくなってしまった。90年代の半ば頃、上海《シャンハイ》に追い越される可能性などありえないと考えていた多くの香港人は、最近になって、このまま行くとあと15年で上海の後塵《こうじん》を拝することになるだろうと不安を覚えはじめた。

2001年に遼寧省《りようねい》の省長に昇進した薄煕来《はくきらい》・前大連《だいれん》市長は、香港の財界人にこう語ったことがある。「90年代のはじめ頃、私たちは知名度の低い大連を海外に紹介する際に、よく北方の香港という表現を使っていた」と。香港の人々は会心の笑みを顔に浮かべた。しかし、前市長は「ただし、ここ数年は私たちはもうそのような表現を使わなくなった」と言葉を続けた。それを聞いた多くの香港人はさぞ複雑な思いに駆られただろう。

香港の地盤沈下を象徴した一幕だった。

南中国海にのぞみ、珠江《しゅこう》の河口の東側に位置する香港は、香港島、九龍《カオルン》、新界《しんかい》およびその周辺の島々をふくむ地域を指す。香港華南の丘陵地帯に属し、山が多い地域である。亜熱帯気候の季節風の影響が大きく、夏が長くて暑い。1997年6月末まではイギリスの植民地だった。

1840年にイギリスは中国市場に参入するため阿片《アヘン》戦争を開始し、1842年8月29日に戦争に負けた清《しん》王朝に「南京《ナンキン》条約」を調印させ、広東省新安県所属の香港島を手にいれた。1856年にフランスも参加した第二次阿片戦争をおこし、4年後の1860年に清王朝に「北京《ペキン》条約」を締結させ、九龍半島南部の界限街より南の土地を支配下に置くことができた。1894年、清王朝が日清戦争に負けたのを機にイギリス政府は清王朝に圧力をかけ、深圳河以南の土地と周辺の島々を99年間「租借」することができた。のちにこの土地は新界と呼ばれる。太平洋戦争中、日本軍は3年以上も香港を占領したが、戦後の香港は依然としてイギリスの植民地のままであった。

1984年中英両国は、1997年7月1日に香港が中国に返還されると共同声明を発表した。「日が落ちぬ国」とかつて自負した往時の植民主義の大英帝国がアジアでの最後の植民地を手放したことになった。中国返還後の香港は特別行政区となり、「一国二制度」のモデルケースとなった。

「東洋の真珠」とたたえられる香港は、長い間中国経済にとっても、国際経済にとっても、非常に重要な役割を果たしており、世界有数の貿易港で、国際金融センターであった。情報の発信地としても侮《あなど》れない。

イギリスの植民地政府が香港に「自由放任主義」の経済政策を導入したため、中国人の商業的才能は限りなく発揮され、華僑《かきょう》・華人系財閥が数多く生まれた。これらの華僑・華人系財閥は多くの外国資本と手を組み、香港経済を繁栄させたばかりではなく、中国経済をはじめアジアの経済を大きく支えている。改革・開放路線実施後、高度成長をつづける中国経済の裏には、海外企業による膨大な投資が存在する。香港は数多くの海外投資国・地区のなかで、中国への投資総額においては長い間トップの座を独占していた。

しかし、80年代以来続いていた海外移民で中間管理者と専門技術者の流失が激しく、労働者人口も不足しがちになったため、近年香港経済に翳《かげ》りがさし始めている。ハイテク産業が全盛を迎えた時代に、香港の経済構造は依然として60年代のままだった。欧米が中国本土を含め世界中からハイテク人材を吸収し、移民の受け入れにもっとも保守的な日本でさえ海外からIT関連の人材を受け入れ始めたというのに、香港の反応は遅かった。90年代半ば頃まで新世界発展（ニューワールド）グループや李嘉誠《リカシン》グループなど香港を代表する財閥は、まだニューヨークで大規模な不動産取引をしたりしており、新技術と新製品の開発への投資を怠っていた。そのつけが、予想より早く回ってきたのだ。いまでも香港の人々はまだ強気で香港のリーダー的な地位を強調しているが、猛スピードで発展してきたシンガポールや上海に追い上げられ、一部の分野ではすでに追い越されつつある。香港住民はこれまでに過大にもっていた香港経済に対する自信を喪失しはじめた。その兆候が次の調査にあらわれている。

２０００年に行われたあるアンケート調査で、これから10年内に深圳に移住することを考えている香港住民は約１０９万人いる、ということが分かった。つまり香港住民の7人に1人は住居を深圳に構える考えをもっている。両地に存在する住宅価格の格差と深圳の居住環境のよさが香港の低所得層の人々に評価されたらしい。いっぽう、富裕層の住民もセカンドハウスを積極的に深圳に構えるようになった。２００４年に深圳に地下鉄が運営を始め、香港とつながる深圳西部大橋が開通して、香港と深圳の移動がさらにスムーズになれば、香港住民の深圳への移住がピークを迎えるのではないかと推測されている。

香港特別区政府もこうした問題に気づき、ハイテク産業の柱として、香港にデジタルポートを築こうとした。しかし、人材不足が足かせとなっている。ＩＴ産業の従業員のなかで技術者がわずか１・８％しかいず、その困窮ぶりは目を覆《おお》いたくなるほどだ。そのために、香港特別区政府は９９年から「優秀人材導入プロジェクト」をスタートさせ、初年度に中国本土から2000人のハイレベルの人材を導入しようとした。しかし、応募者は1000人に足らず、実際香港に移住したのは100人ほどだった。アメリカや日本にいる新華僑や留学生にも募集の網を掛けたが、香港の生活環境の劣悪さが不評で、思っていたほどの効果が上がらなかった。

いかに将来の発展に必要な人材を確保できるかが、香港の明日を左右する重要な課題だ。

しかし、観光地としての香港はいまもなお魅力の光を放っている。フリーポート（自由貿易港）である香港では、大半の輸入品に対し、関税をかけず、消費税も低いため、ブランド品でも安く販売されている。一流デパートでも思いきったバーゲンセールをおこない、ときには信じられないほどの安い値段で、商品を放出することがある。中環（セントラル）のクイーンズ通り、デ・ボ通り、置地広場（ランド・マーク）、太子大厦（プリンス・ビル）、銅鑼湾（コーズウェイベイ）のデパート、九龍・尖沙咀（チムシャッツィ）のネイザン通りなどが主要なショッピング街である。しかし本物をコピーした偽《にせ》ブランド品を売る店もところどころにある。とくに偽ブランドの高級時計を売る店や露店がめだっている。

旅のもう一つの楽しみである食事となると、香港はまさに世界有数のグルメ天国である。レストランの種類が多く、高級店から安くて美味《おい》しい大衆食堂まである。広東《カントン》料理、四川《しせん》料理、北京料理、上海料理、潮州《ちょうしゅう》料理、客家《ハッカ》料理、湖南《こなん》料理、山東《さんとう》料理など地方料理のほか、精進料理、海鮮料理、飲茶《ヤムチャ》料理など特色のある料理も数多くある。アメリカのファスト・フードの影響で、中華料理のファスト・フードも街角に登場している。粥《かゆ》やワンタン、麵《めん》類、豆乳、焼き餅《もち》、揚げパンの一種である油条《ユーティオ》などを提供する在来のスナックもなかなか美味しい。国際貿易都市らしく日本料理をはじめ、フランス料理、イタリア料理、地中海料理、ヨーロピアン・コンチネンタル料理、ベトナム料理、メキシコ料理、インド料理などさまざまな国の味を楽しむことができる。「食は香港にあり」という言葉はいまでも健在である。

「功夫《カンフー》映画」とも呼ばれる香港映画は、商業都市に咲いた数少ない文化の華の一つと言えよう。成龍《ジャッキー・チェン》、周潤発《チョウ・ユンファ》などは、日本でも知られる大スターである。近年、中国本土の映画人との合作で国際的に賞を得た香港映画も少なくない。流行歌の「四大天王」と呼ばれる張学友《ジャッキー・チョン》、郭富城《アーロン・コク》、劉徳華《アンディ・ラウ》、黎明《レオン・ライ》の中国語CDアルバムは香港だけでなく、中国大陸、台湾そして海外の中国人社会でも大きな影響力をもっている。

マカオ

——中国本土と台湾に空の架け橋をかける

　１９９５年12月8日、マカオ国際空港を飛び立ったマカオ航空の定期便が翼に太陽の光を受けて、北京《ペキン》首都空港に着陸した。首都空港に毎日離着陸する多くの定期便とそう変わらないこの着陸に、目を潤《うる》ませた中国人が多数いた。

　周知のように中国本土と台湾との間は、直接の通商、通航、通信ができない状態が続いている。統一を旗印にする中国は台湾に直接の通商、通航、通信を求めているが、台湾は抵抗している。

　ところが、この日、首都空港に着陸したこの飛行機は、実は台湾からマカオを経由して飛来したものであった。マカオで便名は変わったものの、機体も乗っている乗客もほとんど変わらぬまま北京に乗り込んだのだ。中国との間に事実上の最初の直行便が飛ぶことに世界から熱い眼差《まなざ》しが注がれた。この着陸で、台湾〜北京間を飛ぶ準直行便がよ

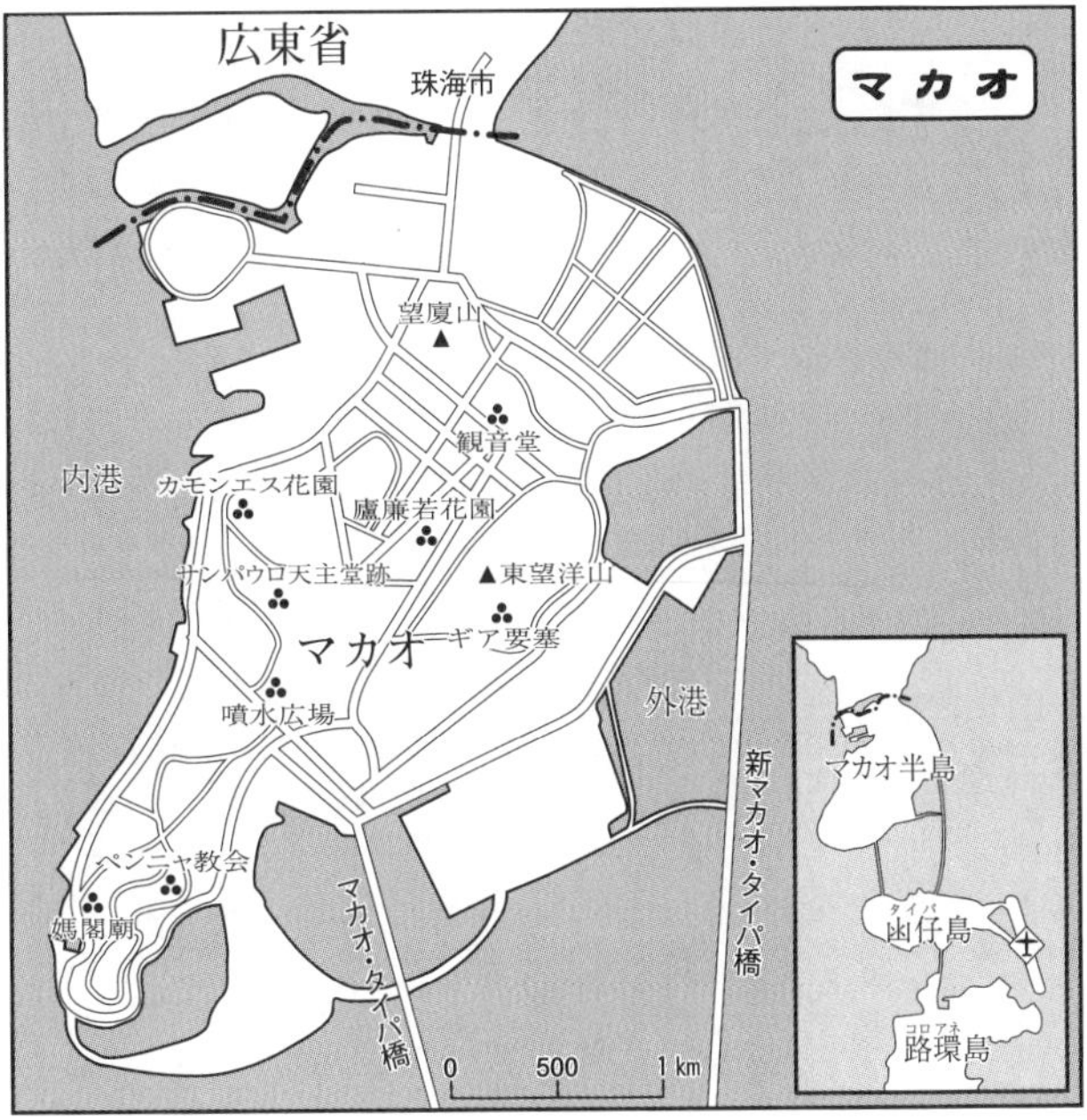

うやく実現したのである。だから、台湾、香港《ホンコン》に居住する人たちを含む多くの中国人は、この歴史的な瞬間を目《ま》の当たりにして感無量の思いであった。

９５年の夏に開港したマカオ国際空港は、年間利用者数６００万人を可能にし、香港とならぶ中国への新しいゲートウェイとなろうとしている。シンガポールなど二十数カ国・地域と航空協定を結び、同年に設立された中国系航空会社「マカオ航空」の台湾乗り入れや返還後も台湾機が新空港を利用できるような態勢を実現した。マカオと中国との航空協定によって、台湾からきた飛行機はマカオで一旦《いったん》着陸すれば、乗り換えることなく中国本土に飛び立つことができる。香港を経由するのと比べて遥《はる》かに便利だ。マカオ政府も台湾の乗客がこの空のルートを利用しやすいように、台湾の乗客に対し、滞在期間が20日間以内ならビザを免除するという優遇措置を打ち出した。

わずか渋谷区ほどの面積しかない人口44万人のマカオは、隣に香港があるために、長い間存在感が薄かった。

しかし、みずからの存在感を強調するために開拓されたこの空路は、99年12月20日の中国返還後も利用され、マカオに多大な経済的、政治的な効果をもたらした。

現在台湾では約2万人のマカオ人が就労している。これはマカオの全就労人口の10%弱を占める。また、マカオ空港の利用者の実に80%が台湾人である。アジア金融危機以来、ほとんどの国からのマカオへの訪問客が減少したが、台湾からの旅客はむしろ増加している。特に90年代後半以来、台湾人の中国への移動が激しくなり、席が取れない状態が慢性化し、増便を求める利用者からの声も高まっている。

マカオ航空と台北《タイペー》市関係当局が1995年12月1日に結んだ航空協定では、マカオと台北、高雄《たかお》との間で毎週2万8200席の運行が認められていた。5年とする同協定の有効期限が満了する前の2000年11月に、マカオと台湾側は新しい航空協定を結び、毎週８０００席の増加を盛り込んだ。しかし、これでも足りないとの声が早くも上がっている。

返還後香港と同じように特別行政区となり、「一国二制度」が保障されている小さなマカオは、こうした努力でみずからの存在感を示している。

香港と海を隔てた珠江《しゅこう》の河口西側に位置するマカオは、面積18平方キロ。中国語では「澳門」となっているので、略称は澳。

マカオ半島は細長い帯のような陸地で広東《カントン》省珠海市とつながり、海抜50メートルから75メートルで、ほとんどの地域が丘陵である。半島の東西両海岸の地形は異なる景色をみせ、南環海岸一帯は観光客の人気をあつめている。

こうした地理的な制限があるので、マカオの発展空間は海の埋立てによって拡大してきたものだといえよう。１８４０年、同半島の面積はわずか２・78平方キロしかなく、現在の半島面積の半分近くは長年の埋立てでできた土地である。熱帯季節風気候に属し、温暖だが、雨が多い。年間平均降水量２０１３ミリ。冬と夏が長く、春と秋が短く、はっきりと区分ができないほどである。

もともと広東省香山《こうざん》県（現・珠海《しゅかい》市）に属していたが、１５３５年、中国にやってきたポルトガル人がマカオの官吏を買収して、港利用の権限を手にいれた。１５５３年に浸水した貨物を干すという口実で上陸して一部の土地を租借し、１５５７年から正式に定住するようになった。ポルトガル人が上陸した当時、地元には福建《ふっけん》人が建てた寺「媽閣廟《マーコーミャオ》」があったため、ポルトガル人は寺の中国語読みの発音Ｍａｃａｕを地名にした。

阿片《アヘン》戦争後の１８４５年に、ポルトガルはイギリスの支持のもとで、マカオを「自由港」と一方的に宣言し、ポルトガル人の総督を任命し、統治を開始した。後にさらに氹仔《タイパ》島、路環《コロアネ》島をあいついで武力によって手にいれ、支配範囲を拡大した。１８８７年には清《しん》王朝と通商条約を結び、マカオに対する支配権を確保した。１９２８年４月、当時の中華民国政府は通商条約の失効を通知したが、ポルトガルはそれを無視して１９９９年の中国本土返還までその支配権を維持してきた。

主権を中国にもどすことが決まったのち、ポルトガル側は「栄光ある撤退」という方針を定め、マカオ国際空港の建設など多数の大規模な建設プロジェクトを開始した。カジノ、ドッグレースと観光業をのぞけば大した産業をもたないマカオが、21世紀の生き残り策として中国への新しい玄関口となることを選んだ。香港の新国際空港の建設をめぐって中国側とイギリス側は政治問題もからんで激しい駆け引きを繰りかえしているが、マカオのポルトガル側はむしろ中国の全面的支持のもと、これらの建設プロジェクトを順調に進め、空港も予定どおりに開港した。

マカオを経由して台湾と中国本土とを結ぶ準直行便の実現のうらには、こうした背景があったのである。

加工業を中心とする工業、賭博《とばく》・観光業、不動産業は、マカオ経済を支える三大産業である。加工業に従事する事業は規模が小さく、家庭企業のような零細企業がほとんど。線香、マッチ、爆竹などはマカオの伝統工業製品で、衣料品は主な輸出品であった。しかし、中国大陸の改革・開放によって、こうした伝統製品は市場競争力を急速に失い、加工業自体も大陸への移転を加速したため、工業力が近年低下した。

加工業・輸出業が軒並み不景気で、不動産業もアジア金融危機以来、下り坂を転がるばかりである。現在、マカオの経済を維持する支柱産業は、むしろ観光業だといえよう。2000年に、マカオを訪れた観光客は史上最高となり、900万人に達した。香港、中国本土、台湾が主要な客源で、それぞれ55%、25%、14%を占めている。中国本土からの観光客の急増が目立つ。観光客の大幅な増加は、賭博業と観光業をマカオの総生産の一位に押しあげた。

香港と結ぶ水中翼船などの連絡船も便数を増やしたりして移動の利便性をはかっている。香港・マカオ間の新しい旅客専用埠頭《ふとう》である新港澳客運埠頭が近年完成し、マカオの観光客受け入れ能力を倍増させた。さらに台湾の飛行機でもマカオ経由なら中国本土に直接飛ぶことができるという利点を生かして、台湾から桂林《けいりん》への準直行便を開設して、客源を拡《ひろ》げている。

アジア金融危機でアジア経済がすっかり萎縮《いしゅく》したなかで、観光業を地元経済の柱にしたマカオの策は一応功を奏したようだ。これに気をよくしたマカオ特別行政区政府も、国際会議の開催地になるようホテルや国際会議場の建設をすすめており、国際会議の誘致も盛んに行っている。

マカオの最大の観光資源といえば、賭博である。

東南アジア最大の賭博場として知られるマカオのカジノは、1961年にポルトガルが認可したもので、その独占経営権は、長い間何鴻燊《スタンレー・ホー》がオーナーの澳門旅遊娯楽公司が握っている。したがって、何鴻燊はカジノ王とも呼ばれる。ホテル・リスボア、ジ・オリエンタルなど公認された8カ所のカジノがある。香港人を中心に世界中から訪れる観光客は、マカオのカジノ業に年間4億ドルもの利益をもたらした。そのうち10％はマカオ政庁に、10％は中国での慈善事業にまわされている。社交場としての欧米のカジノと違って、マカオのカジノに入場するときに正装の必要はなく、気軽に立ち寄ることができる。場内では、中国古来の賭博ゲームも楽しめる。

中国本土返還前、賭博に絡《から》んだ犯罪事件や黒社会関係者の発砲事件などが多発し、世界のマスコミに大きく報道されたので、治安の悪化が懸念《けねん》されていた。しかし、返還後、中国本土の公安当局とマカオの警察当局との連携プレーで、黒社会の暴走をある程度押さえ込んだ。これも観光業の活気を支えたと言えよう。

しかし、マカオの独自色はどこまで出せるのかという大きな課題として残っている。厦門《アモイ》と台湾の管轄《かんかつ》下にある金門島との船による直接通航が不完全ながらも2001年新年早々実現され、中国本土と台湾との「三通」問題の解決はもはや時間の問題だ。中国本土・台湾間を結ぶ直行便が飛ぶようになれば、年間200万人近くの台湾人乗客はマカオを経由する必要性がなくなり、マカオ経済にとっては大きな打撃となるだろう。

さほどの面積をもたないマカオだが、直面しているのは、特別行政区として存続していく必然性をどこまで保てるのかという、とても大きい課題である。

台湾
——中国との統一に揺れる島

１９９９年9月、台湾中部に大地震が起きた。ニューエコノミーとされる世界のＩＴ産業は、その一瞬の出来事に青ざめた。というのも、この地震によって半導体および液晶、パソコン向け部品などの生産に影響が出るのではないかと思われたからだ。

１９９９年、台湾ＩＴ産業のハード部分における生産高は２１０億ドルで、アメリカ、日本に次いで三位の座を守っている。台湾のコンピュータ企業は、ＩＢＭ、コンパック、アップル、ＮＥＣなど有名コンピューターメーカーからの委託生産もおこなっている。パソコン向けマザーボードでは、台湾製品が世界全体の64%のシェアを占め、ＣＲＴモニターやキーボードでも6割以上のシェアを誇っている。スキャナーにいたっては、シェアの90%を一手に握っている。

「電脳立国」をめざす台湾は、文字どおりＩＴ産業の基礎を支えるコンピュータ産業の

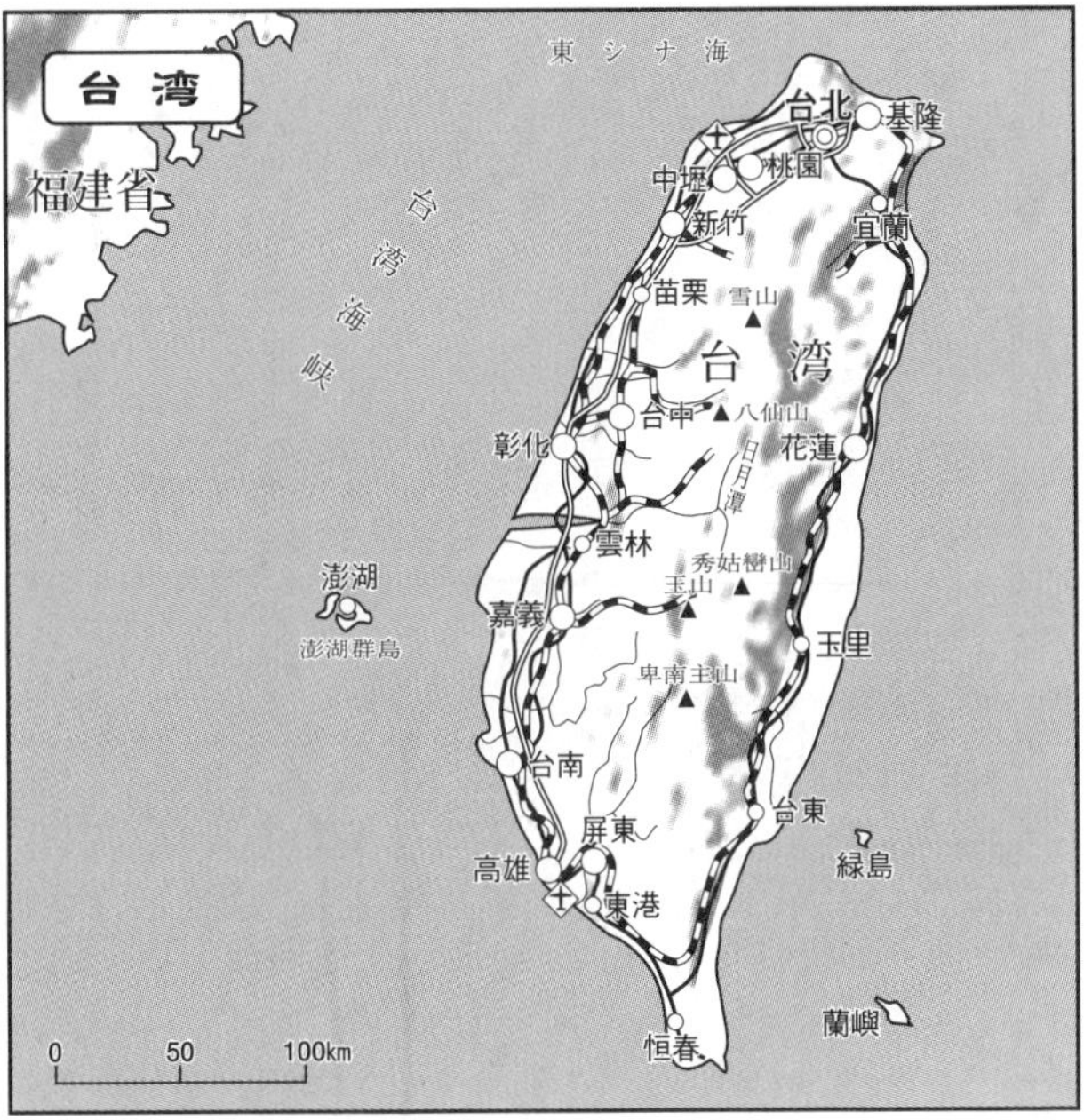

巨人として世界中から注目されている。台湾製品を使っていない日本のコンピュータメーカーはない、と言い切ってもいいほどだ。

　その台湾で大地震が起きた。世界のＩＴ産業は部品供給を心配せずにはいられなかったのである。

　長い間、台湾の産業のほとんどが日本産業の下請けか日本製品の販売代理店だと批判されていた。蒋経《しょうけい》国《こく》・元総統時代に、台湾は次第に開放の道を歩み、経済も急速に成長しはじめた。その変化を受け、１９８０

年代初期頃からアメリカに留学していた専門技術者たちが相次いで台湾に帰国した。また、台湾当局も外資系企業を熱心に誘致したことからコンピュータ産業の基礎が築かれ、今日のようなめざましい発展がもたらされた。

しかし、蓋《ふた》を開けてみると、世界のＩＴ産業が心配していたほどには、台湾の地震はコンピュータ関連部品の供給にそれほど深刻な影響を与えなかった。台湾のコンピュータ関連のほとんどの企業が中国本土の広東省《カントン》に進出している。特に同省東莞市《とうかん》には、コンピュータ関連の企業をはじめとする３５００社以上の台湾企業が生産基地をつくり、常時4万人近くが滞在する。これによってコンピュータ部品の供給に強力なバックアップ機能を提供していると言えるだろう。

このことは台湾と中国本土が太く結ばれているという一面を見せている。だが、経済的な交流関係が進んでいるのに対して、台湾と中国本土との間は政治的な冷え込み状態が依然として続いている。「中台問題」または「台湾海峡問題」と呼ばれている問題を解決するには、歴史的なしこりをまずは解消しなければならない。

現在の台湾は、台湾地区と金馬地区に分かれている。総面積は3万６０００平方キロで、九州の面積にほぼ相当する。

15世紀にオランダ人とスペイン人が台湾に上陸したが、のちにオランダ人が勢力をのばし、台湾北部を占領していたスペイン人勢力を駆逐して台湾を支配するにいたった。

15世紀中期になると明《みん》王朝が滅び、かわって清《しん》王朝が中国を支配するようになった。日本人を母親にもつ将軍鄭成功《ていせいこう》は台湾に攻めこむとオランダ人を追いはらい、台湾を清王朝を倒すための基地とした。1683年、強大な清王朝の軍事力に鄭政権は降伏を余儀なくされた。1885年、清は台湾に行省を正式に設置し、台北、台湾、台南三府を管轄《かんかつ》した。

19世紀末の日清戦争に敗北した清は、1895年4月17日に日本の下関で「下関条約」を結ばされ、遼東《りょうとう》半島、台湾、澎湖《ほうこ》群島を日本に割譲した。以降、50年間にわたる日本の台湾統治がはじまった。

1945年、日本が無条件降伏したのち、台湾の主権は中国に戻された。しかし、台湾に進駐した国民党軍の腐敗と乱暴狼藉《ろうぜき》ぶりは台湾住民の反感を買い、47年2月28日台北市で住民の大規模な決起が巻きおこった。慌《あわ》てた当局は軍隊を出動してこれを鎮圧したが、この事件はのちに「2・28事件」と呼ばれ、中国大陸から移住してきた「外省人」と地元出身者を意味する「本省人」との間に心理的な深い溝をつくってしまった。

1949年に共産党が中国本土を掌握し、中華人民共和国を建国した。内戦に敗れた国民党政権は澎湖群島、金門島、台湾に逃れ、中華民国の国号を今日まで維持している。71年、ニクソン・米大統領の訪中が発表され、また中国の代表権は中華人民共和国に属すると国連で承認されると、台湾は空前の孤立状態に陥った。75年には蔣介石《しょうかいせき》が亡《な》くなり息子の蔣経国が国民党主席となり、78年に総統の座を引き継いだ。

国連脱退後の台湾は世界の孤児とも言われ、国際的に非常に孤立した地位にある。その局面を打開するため、経済活動に専念し、著しい経済成長を実現したことは「台湾の奇跡」と誉《ほ》め讃《たた》えられている。

世界有数の外貨保有国となり自信をつけた台湾は80年代後半から政治改革に着手し、38年間にもおよんだ戒厳令を解除し、民間人の中国大陸訪問を許可し、新聞の自由化を進め、台湾独立を主張する民主進歩党（民進党）などの政党の結成を公認した。

88年に蔣経国が亡くなり、当時副総統だった李登輝《りとうき》が総統に就任した。李総統は民主化の実現に尽力すると同時に、「中華民国の台湾化」を施政方針とする一方、実務外交という方針のもとで、台湾の生存に必要な国際空間を拡大しようとして、多くの国際組織への復帰を求めるようになった。95年の李登輝総統のアメリカ訪問は、その実務外交の最大のパフォーマンスといえよう。

しかし、「台湾独立」または「一つの中国、一つの台湾」を要求するのではないかと警戒した中国側は、領土問題では絶対譲歩しないことを再三強調し、台湾海域でのミサイル発射実験を行い、独立へ奔走しかけた台湾を強く牽制《けんせい》した。

これに対して、米国が空母2隻《せき》を緊急配備し、台湾海峡の緊張情勢が世界に注目された。さらに99年李登輝が「二国論」を打ち出し、台湾独立をより明白に主張し、中国政府との関係を徹底的に悪化させた。

独立路線を歩む李登輝率いる国民党は腐敗問題にも絡《から》み、2000年3月の総統選で呆気《あっけ》なく下野《げや》し、民進党出身の陳水扁《ちんすいへん》が総統に当選した。陳水扁は戦争を避けるため、中国との経済交流に消極的な李登輝路線を一部修正するなど平和姿勢を見せながら、中国と台湾の統一問題を「未来の」課題として、態度を曖昧《あいまい》なまま保留している。台湾独立が既成事実になるのを恐れた中国政府は、武力をも辞さない姿勢を強めているが、台湾問題の解決に向けた良い方法は見出《みいだ》せずにいる。

一方、台湾は依然として孤立した局面を打破できないままでいる。2001年8月現在、中南米の小国など28カ国と国交を結んでいるが、アメリカ、日本など58カ国とは国交をもっておらず、ビザ発行機能をもつ駐外事務所や代表処を互いにもうけている程度だ。

台湾内部には、台湾独立に反対する新同盟会、新党、親民党など中国統一派も存在する。表舞台を下りた李登輝の責任を追及する動きも活発だ。

政治舞台では激しく競《せ》り合っているが、経済交流の分野では、コンピューターメーカーの広東省進出に見られるように、中台関係は必ずしも悪くはない。1999年現在、中国本土に進出した台湾企業は4万社にのぼり、20万人が常時滞在している。

同年、台湾の国際貿易は59億ドルの黒字だったが、中国本土との貿易においては12

7億ドルの黒字である。もし、それがなければ、台湾の国際貿易は68億ドルの赤字に陥ってしまう。

中国本土に対する台湾の投資総額は、1999年末までで1604億ドルに達し、経済発展に必要な資金と技術が提供された。

その意味でも、中国本土と台湾との経済交流は両方の経済発展に欠かせない要素となり、中台両方が安易に武力による解決に訴えることができない原因の一つにもなっている。

李登輝時代は、こうした経済交流の進展にある種の不安を覚え、「三通（直接の通商、通航、通信）」を求める中国に対し、台湾当局側が「忍耐強くして中国との交流をできるだけ行わない」とする路線を制定し、かたくなに「三不（接触しない、交渉しない、妥協しない）」政策にこだわっていた。

中国本土との関係正常化は台湾の将来にとっての必須《ひっす》条件だと認識した陳水扁は、台湾支配下の、福建《ふっけん》省に近い離島と本土との「ミニ三通」の早期実現を呼びかけ、李登輝路線を継承しながら、実務の面ではその一部を修正するという柔軟な姿勢を見せている。

中台問題の解決は21世紀に積み残された重大な問題であり、台湾海峡両岸の指導者と民衆の知恵が試されている。

写真提供

中国国家観光局
19, 20, 21, 35, 36, 45, 94, 106, 114, 117, 125, 134, 150, 156, 188, 195, 196, 208, 210

山口直樹
41, 58, 108, 141, 170, 226, 235

楼弢
83

莫邦富
85, 93, 186, 217

地図製作

パンアート

＊本書は新潮文庫のために書き下ろされたものです。

主要都市、地区、自治州

（2000年現在）

石家荘市、張家口市、承徳市、秦皇島市、唐山市、廊坊市、保定市、滄州市、衡水市、邯鄲市、邢台市

太原市、大同市、朔州市、陽泉市、長治市、晋城市、忻州市、晋中市、臨汾市、運城市、呂梁地区

呼和浩特市、包頭市、烏海市、赤峰市、通遼市、呼倫貝爾盟、興安盟、錫林郭勒盟、烏蘭察布盟、伊克昭盟、巴彦淖爾盟、阿拉善盟

瀋陽市、朝陽市、阜新市、鉄嶺市、撫順市、本渓市、遼陽市、鞍山市、丹東市、大連市、営口市、盤錦市、錦州市、葫蘆島市

長春市、白城市、松原市、吉林市、四平市、遼源市、通化市、白山市、延辺朝鮮族自治州

哈爾浜市、斉斉哈爾市、黒河市、大慶市、伊春市、鶴崗市、佳木斯市、双鴨山市、七台河市、鶏西市、牡丹江市、綏化市、大興安嶺地区

南京市、徐州市、連雲港市、宿遷市、淮安市、塩城市、揚州市、泰州市、南通市、鎮江市、常州市、無錫市、蘇州市

杭州市、湖州市、嘉興市、舟山市、寧波市、紹興市、衢州市、金華市、台州市、温州市、麗水市

合肥市、宿州市、淮北市、阜陽市、亳州市、蚌埠市、淮南市、滁州市、馬鞍山市、蕪湖市、銅陵市、安慶市、黄山市、六安市、巣湖市、池州市、宣城市

福州市、南平市、三明市、莆田市、泉州市、厦門市、漳州市、竜岩市、寧徳市

南昌市、九江市、景徳鎮市、鷹潭市、新余市、萍郷市、贛州市、上饒市、撫州市、宜春市、吉安市

済南市、聊城市、徳州市、東営市、淄博市、濰坊市、青島市、煙台市、威海市、日照市、臨沂市、棗荘市、済寧市、泰安市、莱蕪市、浜州市、菏沢市

鄭州市、三門峡市、洛陽市、焦作市、新郷市、鶴壁市、安陽市、濮陽市、開封市、商丘市、許昌市、漯河市、平頂山市、南陽市、信陽市、周口市、駐馬店市

武漢市、十堰市、襄樊市、荊門市、孝感市、黄岡市、鄂州市、黄石市、咸寧市、荊州市、宜昌市、随州市、恩施トゥチャ族ミャオ族自治州

長沙市、張家界市、常徳市、益陽市、岳陽市、株洲市、湘潭市、衡陽市、郴州市、永州市、邵陽市、懐化市、婁底市、湘西トゥチャ族ミャオ族自治州

広州市、清遠市、韶関市、河源市、梅州市、潮州市、汕頭市、掲陽市、汕尾市、恵州市、東莞市、深圳市、珠海市、中山市、江門市、仏山市、肇慶市、雲浮市、陽江市、茂名市、湛江市

南寧市、桂林市、柳州市、梧州市、貴港市、玉林市、欽州市、北海市、防城港市、南寧地区、百色地区、河池地区、柳州地区、賀州地区

海口市、三亜市

成都市、広元市、綿陽市、徳陽市、南充市、広安市、遂寧市、内江市、楽山市、自貢市、瀘州市、宜賓市、攀枝花市、巴中市、達州市、資陽市、眉山市、雅安市、阿壩チベット族チャン族自治州、甘孜チベット族自治州、涼山イ族自治州

貴陽市、六盤水市、遵義市、安順市、畢節地区、銅仁地区、黔東南ミャオ族トン族自治州、黔南プイ族ミャオ族自治州、黔西南プイ族ミャオ族自治州

昆明市、曲靖市、玉渓市、保山市、麗江地区、昭通地区、思茅地区、臨滄地区、徳宏タイ族・チンポー族自治州、怒江リス族自治州、迪慶チベット族自治州、大理ペー族自治州、楚雄イ族自治州、紅河ハニ族イ族自治州、西双版納タイ族自治州

ラサ市、那曲地区、昌都地区、林芝地区、山南地区、日喀則地区、阿里地区

西安市、延安市、銅川市、渭南市、咸陽市、宝鶏市、漢中市、楡林市、安康市、商洛地区

蘭州市、嘉峪関市、金昌市、白銀市、天水市、酒泉地区、張掖地区、武威地区、慶陽地区、平涼地区、定西地区、隴南地区、臨夏回族自治州、甘南チベット族自治州

西寧市、海東地区、海北チベット族自治州、海南チベット族自治州、黄南チベット族自治州、果洛チベット族自治州、玉樹チベット族自治州、海西モンゴル族・チベット族自治州

銀川市、石嘴山市、呉忠市、固原地区

ウルムチ市、克拉瑪依市、喀什地区、阿克蘇地区、吐魯番地区、和田地区、哈密地区、克孜勒蘇柯爾克孜自治州、博爾塔拉モンゴル自治州、昌吉回族自治州、巴音郭楞モンゴル自治州、伊犁カザフ自治州、伊犁地区、塔城地区、阿勒泰地区

台北市、高雄市

		略称	首府	面積(km²)	人口(万人)	GDP／人(元)
北京市	Beijing	京	—	16,800	1,382	19,846
天津市	Tianjin	津	—	11,000	1,001	15,976
河北省	Hebei	冀	石家荘市	187,700	6,744	6,932
山西省	Shanxi	晋	太原市	156,300	3,297	4,727
内蒙古自治区	Neimenggu	内蒙古	呼和浩特市	1,183,000	2,376	5,350
遼寧省	Liaoning	遼	瀋陽市	145,900	4,238	10,086
吉林省	Jilin	吉	長春市	187,400	2,728	6,341
黒竜江省	Heilongjiang	黒	哈爾浜市	454,000	3,689	7,660
上海市	Shanghai	滬、申	—	6,340	1,674	30,805
江蘇省	Jiangsu	蘇	南京市	102,600	7,438	10,665
浙江省	Zhejiang	浙	杭州市	102,000	4,677	12,037
安徽省	Anhui	皖	合肥市	139,700	5,986	4,707
福建省	Fujian	閩	福州市	120,000	3,471	10,797
江西省	Jiangxi	贛	南昌市	166,900	4,140	4,661
山東省	Shandong	魯	済南市	157,000	9,079	8,673
河南省	Henan	豫	鄭州市	167,000	9,256	4,894
湖北省	Hubei	鄂	武漢市	185,900	6,028	6,514
湖南省	Hunan	湘	長沙市	211,800	6,440	5,105
広東省	Guangdong	粤	広州市	178,000	8,642	11,728
広西チワン族自治区	Guangxi	桂	南寧市	236,600	4,489	4,148
海南省	Hainan	瓊	海口市	34,000	787	6,383
重慶市	Chongqing	渝	—	33,603	3,090	4,826
四川省	Sichuan	川、蜀	成都市	490,000	8,329	4,452
貴州省	Guizhou	黔、貴	貴陽市	176,100	3,525	2,475
雲南省	Yunnan	滇、雲	昆明市	394,000	4,288	4,452
チベット自治区	Xizang	蔵	ラサ市	1,220,000	262	4,262
陝西省	Shanxi	陝、秦	西安市	205,600	3,605	4,101
甘粛省	Gansu	甘、隴	蘭州市	454,300	2,562	3,668
青海省	Qinghai	青	西寧市	721,200	518	4,662
寧夏回族自治区	Ningxia	寧	銀川市	66,400	562	4,473
新疆ウイグル自治区	Xinjiang	新	ウルムチ市	1,660,000	1,925	6,470
香港	Xianggang	港	—	1,078	678	183,350 (香港ドル)
マカオ	Aomen	澳	—	18	44	113,044 (パタカ)
台湾	Taiwan	台	台北市	36,000	2,192	412,667 (台湾ドル)

※文は文化遺産、自は自然遺産、複は複合遺産。
カッコ内の数字は指定された年。pは写真掲載ページ

❶万里の長城【中国北方】文（1987）22p
❷故宮【北京市】文（1987）21p
❸泰山【山東省】複（1987）134p
❹敦煌・莫高窟【甘粛省】文（1987）235p
❺秦の始皇帝陵と兵馬俑坑【陝西省】文（1987）226p
❻周口店の北京原人遺跡【北京市】文（1987）20p
❼黄山【安徽省】複（1990）106p
❽九寨溝の自然景観【四川省】自（1992）196p
❾黄竜の自然景観【四川省】自（1992）196p
❿武陵源の自然景観【湖南省】自（1992）156p
⓫承徳の避暑山荘と外八廟【河北省】文（1994）36p
⓬曲阜の孔廟・孔林・孔府【山東省】文（1994）134p
⓭武当山の古建築物群【湖北省】文（1994）150p
⓮ラサのポタラ宮と大昭寺【チベット自治区】文（1994）217p
⓯廬山国立公園【江西省】文（1996）125p
⓰峨眉山と楽山大仏【四川省】複（1996）195p
⓱蘇州古典園林【江蘇省】文（1997）94p
⓲平遥古城【山西省】文（1997）41p
⓳麗江古城【雲南省】文（1997）210p
⓴北京頤和園【北京市】文（1998）20p
㉑北京天壇公園【北京市】文（1998）20p
㉒武夷山【福建省】複（1999）117p
㉓大足石刻【重慶市】文（1999）188p
㉔竜門石窟【河南省】文（2000）141p
㉕安徽南部古民居【安徽省】文（2000）108p
㉖都江堰と青城山【四川省】文（2000）195p
㉗明清皇家陵墓【河北省・湖北省】文（2000）35p

■中国の世界遺産■

(2001年11月 現在)

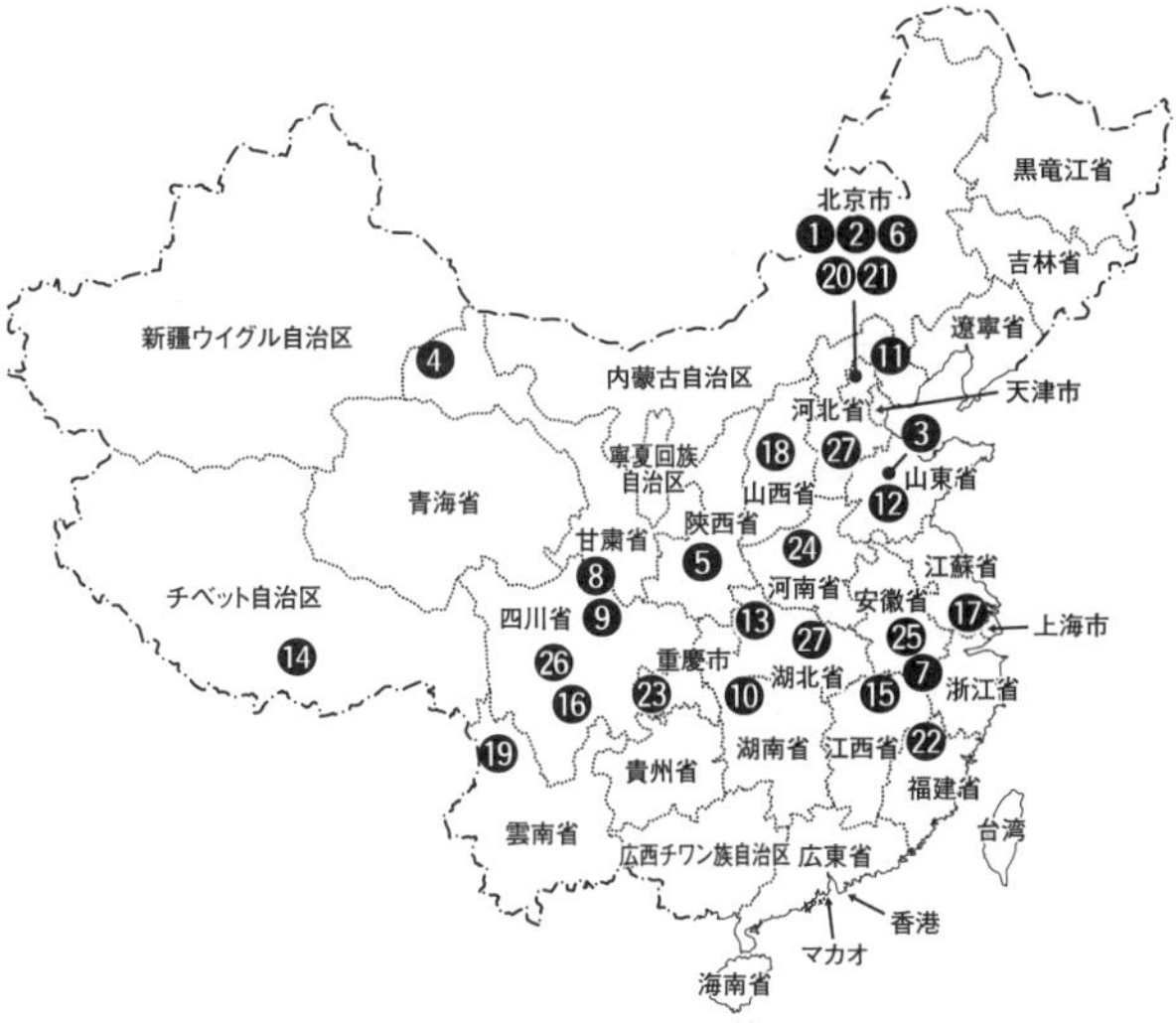

中国全省《ちゅうごくぜんしよう》を読《よ》む地図《ちず》

―22省・4直轄市・5自治区・香港・マカオ・台湾―

新潮文庫　も－20－3

平成十三年十二月一日発行

著者　莫《モー》邦《バン》富《フ》

発行者　佐藤隆信

発行所　株式会社新潮社

郵便番号　一六二―八七一一
東京都新宿区矢来町七一
電話　編集部(〇三)三二六六―五四四〇
読者係(〇三)三二六六―五一一一

価格はカバーに表示してあります。

乱丁・落丁本は、ご面倒ですが小社読者係宛ご送付ください。送料小社負担にてお取替えいたします。

印刷・錦明印刷株式会社　製本・錦明印刷株式会社

ISBN4-10-130023-2 C0130